Wissenschaftliche Beiträge aus dem Tectum Verlag

Reihe Sozialwissenschaften

Wissenschaftliche Beiträge aus dem Tectum Verlag

Reihe: Sozialwissenschaften
Band 71

Ralph Schäfer-Lösch

Musikschule im Wandel

Chancen und Herausforderungen für die deutsche Musikschullandschaft im Spiegel des normativen Managements

Tectum Verlag

Ralph Schäfer-Lösch

Musikschule im Wandel.
Chancen und Herausforderungen für die deutsche Musikschullandschaft im Spiegel des normativen Managements

Wissenschaftliche Beiträge aus dem Tectum Verlag
Reihe: Sozialwissenschaften; Bd. 71

ISBN: 978-3-8288-3802-4
ISSN: 1861-8049

Umschlagabbildung: Fotografie von Patrick Neu (www.patrickneu.com)
Grafiken im Innenteil: Eric Wilhelm (www.ericwilhelm.de)
Lektorat: Dr. Ruven Karr (www.karrektur.de)
Satz, Layout & Umschlaggestaltung: Mareike Gill | Tectum Verlag

Druck und Bindung: CPI buchbücher.de, Birkach
Printed in Germany

Besuchen Sie uns im Internet
www.tectum-verlag.de

Bibliografische Informationen der Deutschen Nationalbibliothek
Die Deutsche Nationalbibliothek verzeichnet diese Publikation in der Deutschen Nationalbibliografie; detaillierte bibliografische Angaben sind im Internet über http://dnb.ddb.de abrufbar.

Inhaltsverzeichnis

Abbildungsverzeichnis

Abkürzungsverzeichnis

Abb.	Abbildung
DMR	Deutscher Musikrat
FPO	Forprofit-Organisation
KSK	Künstlersozialkasse
NPO	Nonprofit-Organisation
UNESCO	United Nations Educational, Scientific and Cultural Organization
VdM	Verband deutscher Musikschulen

Anmerkung: Die Inhalte des vorliegenden Buches beziehen sich in gleichem Maße sowohl auf Frauen als auch auf Männer. Aus Gründen der besseren Lesbarkeit wird jedoch die männliche Form für alle Personenbezeichnungen gewählt. Die weibliche Form wird dabei stets mitgedacht.

Zum Geleit

Musikschulen in Deutschland wurden über Jahrzehnte als Orte der Orientierung wahrgenommen, beim Nachdenken über eine nachhaltige Musik- und Instrumentalausbildung gehörten sie als feste Bestandteile als Standorte für musikalische Bildung, gleichzeitig als instrumentalspezifische Vertiefung und Ergänzung eines Musikunterrichts an allgemeinbildenden Schulen.

Obwohl die musikpädagogische Forschung seit mehr als drei Jahrzehnten Überlegungen anstellt, dass Veränderungen im transkulturellen Bereich notwendig sind, hat eine praktische Umsetzung bislang kaum stattgefunden.

Angesichts einer stark in Veränderung befindlichen Gesellschaft erscheint die Notwendigkeit inzwischen überdeutlich sichtbar zu sein. Nicht nur angesichts einer älter werdenden Gesellschaft, einer zunehmenden Zahl von Menschen mit Zuwanderungsgeschichte, einer – nicht immer richtig verstandenen – Inklusion als Leitmotiv, sondern ganz aktuell durch die momentane und völlig unübersichtliche Flüchtlingssituation. Dies bringt den kulturpolitischen Diskurs nicht nur gedanklich in Bewegung.

Kulturpolitisch wird gefragt, wie es denn mit den Bildungschancen aber auch Bildungsbarrieren aussieht, die die gesellschaftlichen Veränderungen mit sich bringen. Angesichts dieses Spannungsfeldes und im Zusammenklang mit den sich verändernden Zielgruppen müssen sich die Musikschulen neu orientieren. Einerseits ist ihr Auftrag zur musikalischen Bildung klar, für den sie öffentliche Gelder erhalten. Aber was genau meint musikalische Bildung? Um welche Musiken geht es? Und wie kann umgegangen werden mit den breit gestreuten Zielgruppen? Wie soll ausgebildet werden, angesichts der transkulturellen Vielfalt von Musik?

Vor dem Hintergrund einer sich immer weiter ausdifferenzierenden Gesellschaft möchte der vorliegende Band „Musikschule im Wandel“ die sozialen Veränderungen aus musikpolitischer Perspektive analysieren sowie Lösungsansätze für Musikschulen auf normativer Ebene aufzeigen und damit einen konstruktiven Beitrag zum Thema „Zukunft der Musikschulen“ leisten.

Eines steht fest: Eine ernst gemeinte Inklusion hat sehr viele Gesichter, stellt uns vor neue Aufgaben und fordert auf zur Reflexion und neuem Denken. Insofern möchte der vorliegende Band über einen Blick von außen Veränderungsprozesse initiieren, die das gut strukturierte System „Musikschule" in neue Bahnen zu lenken versucht.

Hannover, den 20. März 2016

Prof. Dr. Ekkehard Mascher

Danksagung

Allen voran danke ich dem Team des Centers for World Music (Universität Hildesheim), namentlich Prof. Dr. Raimund Vogels, Prof. Dr. Ekkehard Mascher, Prof. Dr. Thomas Grosse und Morena Piro, ohne deren lehrreiches und inspirierendes Wirken dieses Buch nicht das Licht der Welt erblickt hätte. Mein ganz besonderer Dank geht hier an Prof. Dr. Ekkehard Mascher für sein allzeit offenes Ohr und die von mir hoch geschätzte fachliche Unterstützung.

Ein liebevolles Dankeschön sende ich meiner Frau Angela Lösch für ihre wertvollen Kommentare und die wichtigen Erstkorrekturen des Manuskripts, meiner Tochter Lisa-Marie Lösch für ihre Hilfsbereitschaft (insbesondere bei der Erstellung der Literaturliste) und meinem Sohn Joschka Lösch, der als bekennender Belletristik-Fan, trotz einer ausgeprägten Allergie gegen Fachliteratur, dieses Buch einmal komplett las. An dieser Stelle möchte ich auch Jutta Strzalka für ihre konstruktive Kritik ausdrücklich danken.

Dr. Ruven Karr hat mit seiner lektoraterfahrenen Hand den Text stilistisch poliert und dem Fehlerteufel Einhalt geboten, Eric Wilhelm den schlicht gehaltenen Grafiken ästhetischen Atem eingehaucht, Patrick Neu die Thematik des Buches kreativ im Titelbild reflektiert und Mareike Gill mein schnödes Worddokument sowie alle sonstigen Puzzleteile in ein Buch mit anmutender Erscheinung verzaubert. Vielen Dank dafür.

Prof. Dr. Hans Lichtenstein (Universität Freiburg, Schweiz), Dirk Mühlenhaus (Verband deutscher Musikschulen) und Dr. Wolfram Knauer (Jazzinstitut Darmstadt) danke ich herzlich für deren hilfreiche Auskünfte. Ein abschließendes Dankeschön gebührt Martin Gabriel für die Unterstützung bei den zeitintensiven Internetrecherchen und Herrn Thomas Wasmer vom Tectum Verlag, der dieses Buchprojekt von Anfang an kompetent betreute.

St. Wendel, den 20. Juli 2016

Ralph Schäfer-Lösch

Teil 1

1 Einleitung

Seit den 1960er Jahren verändert sich unsere Gesellschaft mit zunehmender Beschleunigung durch Prozesse der *Differenzierung*, *Individualisierung* und *Pluralisierung*, die mit zeitdiagnostischen Labels wie „Postmoderne“, „zweite Moderne“ oder „Risikogesellschaft“ belegt werden. Dabei verlieren traditionelle Formen der Vergemeinschaftung mehr und mehr an Bedeutung (vgl. Eickelpasch/Rademacher 2004: 6). Aufgrund dieser „Enttraditionalisierung“ und vor dem Hintergrund einer sich ausdifferenzierenden Migrationsgesellschaft geraten hochkulturgeprägte Glaubenssätze des deutschen Bildungsbürgertums ins Wanken. Es treten eine Vielzahl spannungsgeladener Dichotomien (z. B. das Fremde und das Eigene, Vielfalt und Einheit etc.) ans Tageslicht, die mithilfe einer staatlich verordneten „Inklusionsarznei“ über Nacht aufgelöst werden sollen. Für öffentliche Musikschulen scheint dies eine bittere Pille, da sie auf Geheiß des Staates für die Allokation der meritorischen Dienstleistung Musikunterricht verantwortlich sind und ihre Mission über Jahrzehnte in der Pflege der klassischen Musiktradition sahen – denn plötzlich heißt diese Mission Inklusion. An die schweren Türen des altehrwürdigen Leitkulturdenkens klopft jetzt eine Gesellschaft, die sich mitten in einem komplexen, teilweise diskontinuierlichen Wandlungsprozess befindet. Und das tut sie mit einer Lautstärke, welche die Frage „Hast du was gehört?“ obsolet macht.

Infolgedessen hat der Verband der deutschen Musikschulen (VdM) als Sprachrohr der öffentlich geförderten Musikschulen die Tür weit geöffnet und sich im diesbezüglichen Diskurs gut aufgestellt. Sein aktuelles Leitbild ist von verstaubtem Traditionalismus befreit und die Potsdamer Erklärung ruft 2014 sogar die inklusive Musikschule aus (VdM 2014: 1). Kritiker (z. B. Haselbach et al. 2012: 63) werfen den geförderten Kulturinstitutionen Strukturkonservatismus vor und thematisieren ein vielerorts vorzufindendes Spannungsfeld zwischen dem Wunsch nach einem „inklusiven Leitbild“ und gelebter Wirklichkeit. Dem Staat scheint es einerlei. Die Sparpolitik und die Marktliberalisierung halten ein Damoklesschwert, das drohend über meritorischen Gütern schwebt, wobei im Deutschen Bundestag vielleicht noch nicht ganz klar ist, dass die eigene Inklusionspolitik die staatlich subventionierten Institutionen in eine Legitimationskrise stürzt. Das kommt daher, dass meritorische Privilegierungen aufgrund ihres „exklusiven" Charakters den Inhalten der Inklusionspolitik nahezu diametral entgegenstehen.

Da zu vermuten ist, dass Wertvorstellungen und organisationale Strukturen, die sich über Jahrzehnte unter den Vorzeichen der musikpädagogischen Traditionswahrung in staatlicher Obhut befanden, nur bedingt den gegenwärtigen Herausforderungen des gesellschaftlichen Wandels gerecht werden, sollen Wertvorstellungen hinterfragt (normativ) und geeignete Strukturen gefunden werden (Management). Damit lautet die zentrale Fragestellung dieses Buches: *Welche Chancen und Herausforderungen ergeben sich für Musikschulen aus der Thematisierung des gesellschaftlichen Wandels im Spiegel des normativen Managements?* Mit dieser Fragestellung ist zugleich auch das Ziel verbunden, Erkenntnisse und Instrumente zu generieren, die zu einer nachhaltigen Situationsverbesserung der öffentlichen Musikschulen im Umfeld eines dynamischen Wandlungsprozesses beitragen können. Dies soll auf einem bisher unbeschrittenen Weg geschehen, der sein Innovationspotenzial aus einem interdisziplinären Vorgehen (Musikschulwesen, Soziologie und Managementlehre) schöpft und konstruktivistisch unterfütterte Lösungsansätze mithilfe systemischer Modellbildung sucht.

Gestützt wird dieses Vorhaben durch die einschlägige Fachliteratur. Insbesondere Knut Bleicher hat mit seinen Veröffentlichungen zum integrierten Management den Grundstein für diese Arbeit gelegt. Über ihn führt ein Weg zu Niklas Luhmanns sozialen Systemen und zur Sozialstrukturanalyse (Schäfers und Gans). Neuere Schriften wie die von Fritz B. Simons schlagen eine Brücke zur systemischen Organisationstheorie. Im Bereich des Musikschulwesens nimmt der Sammelband *Zukunft der Musikschulen* eine exponierte Stellung ein. Ihren Wert erhält diese Veröffentlichung insbesondere durch die thematische Vielfalt der Beiträge.

Zur methodischen Vorgehensweise sei vorausgeschickt, dass das Aufstellen wissenschaftlicher Theorien immer auch auf Wertesystemen basiert, was letztlich bedeutet, dass die Verflechtung von bestehenden theoretischen Modellen mit dem Gegenstand der Untersuchung (Musikschule und systemische Organisationsentwicklung, Wandel und Sozialstrukturanalyse, normatives Management und Bezugsrahmen nach Bleicher) einen normativen Charakter schon in sich trägt (vgl. Hofmann 2012: 27). Aufgrund dessen und aufgrund der normativ geprägten Fragestellung dieser Arbeit – es geht um

Werte, nicht um Zahlen – tritt Datenmaterial aus der quantitativen empirischen Sozialforschung zugunsten eines qualitativen Forschungsansatzes in den Hintergrund. In zwei Fällen mussten jedoch Daten erhoben und in weiteren drei Fällen der Rat von Experten eingeholt werden, um Sachverhalte zu klären. Abbildung 1 veranschaulicht die Gliederung der Arbeit.

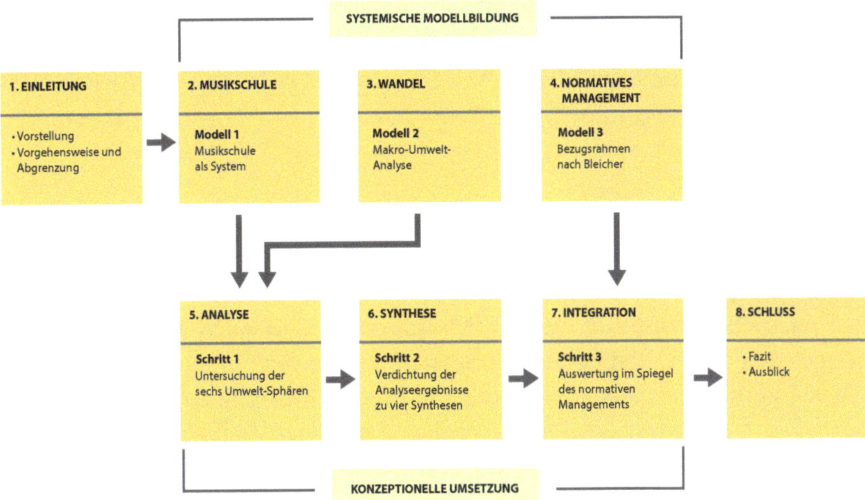

Abb. 1: Gliederung des Buches

Die Arbeit gliedert sich in einen theoretischen Teil der *systemischen Modellbildung* und in einen praktischen Teil der *konzeptionellen Umsetzung*. Im theoretischen Teil wird *erstens* die Musikschule als Institution und soziales System untersucht, *zweitens* das Wandlungsgeschehen aus soziologischer Sicht beleuchtet und *drittens* der Bezugsrahmen von Knut Bleicher im Rahmen der Vorstellung des normativen Managements beschrieben. Die im Theorieteil entwickelten Modelle sind systemtheoretischer Natur. Im zweiten Teil wird im *ersten* Schritt (Analyse) eine Studie zu dem für Musikschulen relevanten sozialen Wandel auf der Basis der Makro-Umwelt-Analyse erstellt, um danach im *zweiten* Schritt (Synthese) die gewonnenen Erkenntnisse zusammenzufassen. Im *dritten* Schritt (Integration) werden Analyseergebnisse und Synthesen in den Bezugsrahmen von Bleicher gestellt, um letztlich die sich aus dem normativen Kontext ergebenden Chancen und Herausforderungen für Musikschulen zu beschreiben.

Hinsichtlich der allgemeinen Vorgehensweise soll *erstens* darauf hingewiesen werden, dass Megatrends wie Globalisierung, Digitalisierung und Individualisierung sowie die Folgen des demografischen Wandels medial hinreichend aufgearbeitet und allgemein verfügbar sind. Daher werden statistische Daten, die man als „allgemein bekannt" einstufen kann, nicht explizit mit Quellen belegt.[1] *Zweitens* sei darauf hingewiesen, dass die für den hier untersuchten Wandel der Musikschulen relevanten Problemfelder im Grunde schon seit der Wiedervereinigung bestehen, sodass es kein Nachteil ist, Expertenmeinungen älteren Datums zu Rate zu ziehen. *Drittens* werden in dieser Arbeit nur Musikschulen untersucht, die dem VdM angehören und mit dessen Richtlinien konform gehen. Mit diesem Ausschlusskriterium ist jedoch keine Wertung verbunden.[2] Ausschließlich wissenschaftlich-methodische Erwägungen haben zu dieser Entscheidung geführt. Zur Begründung:

Erstens ist es bei der Analyse des Wandlungsgeschehens möglich – aufgrund der flächendeckenden Versorgung mit VdM-Musikschulen in Deutschland, der allgemeinen Standardisierung gemäß den Richtlinien des VdM sowie der staatlichen Förderung der VdM-Schulen – alle VdM-Schulen sozusagen als eine VdM-Metaschule zu betrachten; *zweitens* erhebt nur der VdM jährlich umfangreiche statistische Daten über seine Schulen und stellt diesbezüglich aussagekräftiges Informationsmaterial zur Verfügung; *drittens* tragen die VdM-Musikschulen, bedingt durch ihre staatliche Förderung, eine besondere soziokulturelle Verantwortung, und *viertens* kommt dem VdM aufgrund seiner historischen Entwicklung und seiner gesellschaftlichen Verflechtung in Deutschland eine besondere kulturpolitische Bedeutung zu.

Abschließend soll nicht unerwähnt bleiben, dass aufgrund des interdisziplinären Ansatzes dieser Arbeit viele Ausdrücke zu klären bzw. zu definieren sind. Insbesondere Niklas Luhmann bringt eine Vielzahl von Fachtermini in seine Theorie der sozialen Systeme ein. Für dadurch entstandene Verdichtungen komplexer Fachausdrücke möchte ich an dieser Stelle um Verständnis bitten.

---

1 Das Bundesamt für Statistik stellt umfangreiche demografische Daten im Rahmen der 13. koordinierten Bevölkerungsvorausberechnung zur Verfügung (Statistisches Bundesamt 2014).

2 Der Ausschluss anderer Musikschulen (z. B. der privatwirtschaftlichen) ist keinesfalls mit einer Wertung dieser Schulen verbunden.

2 Musikschulen

Volkswirtschaftlich gesehen gehören die Musikschulen dem tertiären Sektor, dem Dienstleistungssektor, an (vgl. Haller 2005: 1).[3] Ob Musikschulen als Dienstleister eher dem Kultur- oder eher dem Bildungsbereich zugerechnet werden, ist eine Frage der Perspektive. Politisch ordnet man Musikschulen, insbesondere die staatlich geförderten, gerne dem Kulturbereich zu, wobei der VdM immer wieder betont, dass seine Musikschulen einen Bildungsauftrag haben und diesen auch erfüllen.

Eine allgemein verbindliche gesetzliche Regelung, die definiert, welche Kriterien zu erfüllen sind, um eine Institution als Musikschule bezeichnen zu dürfen, existiert auf Bundesebene nicht. Einige Bundesländer (z. B. Bayern, Brandenburg, Hessen, Saarland und Sachsen-Anhalt) haben Musikschulgesetze bzw. Richtlinien erlassen, die jedoch unterschiedliche Schwerpunkte setzen. Der VdM definiert das Wort „Musikschulen" wie folgt:

> „Unter Musikschulen werden in diesen Richtlinien, ungeachtet unterschiedlicher Benennungen (z. B. Jugendmusikschule, Sing- und Musikschule oder Musik- und Kunstschule), nicht auf die Erzielung von Gewinnen gerichtete Bildungseinrichtungen für Kinder, Jugendliche und Erwachsene verstanden." (Verband deutscher Musikschulen 2011: 1)

Privatwirtschaftliche Musikschulen sind im Sinne dieser Definition keine Musikschulen. Um zumindest für diese Arbeit Begriffsklarheit zu schaffen, möchte ich die Musikschulen in Nonprofit- und Forprofit-Schulen unterteilen.

---

3 Die deutsche Wirtschaft hat im Laufe ihrer historischen Entwicklung einen strukturellen Wandel erfahren, der durch die von Jean Fourastié (1907–1990) mitentwickelte „Drei-Sektoren-Hypothese" beschrieben werden kann. Dieser zufolge lässt sich die Wirtschaft in drei verschiedene Sektoren einteilen: 1. Primärer Sektor (Rohstoffgewinnung, Bergbau, Agrarwirtschaft etc.); 2. Sekundärer Sektor (Weiterverarbeitung von Rohstoffen in Industrie, Bauwirtschaft etc.); 3. Tertiärer Sektor (immaterielle Leistungen, Dienstleistungen).

2.1 Die Musikschulen als Non- und Forprofit-Organisationen

Auf internationaler Ebene wird seit geraumer Zeit für staatliche, halbstaatliche und staatlich anerkannte gemeinnützige Organisationen der Begriff Nonprofit-Organisationen (NPO) verwendet.

Zur Abgrenzung zwischen NPO und Forprofit-Organisationen (FPO) sei gesagt: NPO dürfen zwar Gewinne erwirtschaften, diese aber nicht ausschütten. Ihr Hauptanliegen ist nicht das Streben nach Gewinn, sondern die Umsetzung ihrer *Mission,* die in den Statuten der jeweiligen NPO rechtsverbindlich festgelegt ist. Bei FPO wird davon ausgegangen, dass ihr Handeln am Markt aufgrund ihrer privatwirtschaftlichen Ausrichtung primär auf die Erwirtschaftung von Gewinn abzielt. Die VdM-Mitgliedsschulen sind laut ihrer Definition als NPO, die privatwirtschaftlichen Musikschulen hingegen als FPO einzustufen. Die Musikschulen des VdM können staatliche, halbstaatliche oder private NPO sein (siehe Abbildung 2). Dies hängt von der Trägerschaft und der Rechtsform ab und kann nur im Einzelfall und unter Berücksichtigung der jeweiligen Sachlage entschieden werden.

Typen nach Trägerschaft

Staatliche NPO	**Halbsstaatliche NPO**	**Private NPO**			
Gemeinwirtschaftliche NPO	Öffentlich-rechtliche Selbstverwaltungskörperschaft	Wirtschaftliche NPO	Soziokulturelle NPO	Politische NPO	Soziale NPO

Abb. 2: Typisierung der NPO (vgl. Lichtsteiner et al. 2015a: 20 und Lichtsteiner 2015b)

2.2 Musikschulen und ihre normative Positionierung über Richtlinien, Leitbilder und Erklärungen

Der VdM umfasst 16 Landesverbände und rund 950 Schulen mit 4 000 Standorten und 38 000 Fachkräften, die zirka eine Million Schüler unterrichten (vgl. Verband deutscher Musikschulen 2015b: 1). Als Sprachrohr der öffentlichen Musikschulen formuliert er Richtlinien sowie Leitbilder für seine Mitglieder und veröffentlicht Erklärungen zu aktuellen kulturpolitischen Themen wie beispielsweise die Potsdamer Erklärung, die als normative Stellungnahme zum aktuellen gesellschaftlichen Wandel derzeit eine Sonderposition einnimmt (vgl. Verband deutscher Musikschulen 2014).

2.3 Musikschule als soziales System

Luhmann (1994: 16) unterteilt den Begriff *System* in vier verschiedene Arten: *Maschinen (technische Systeme), Organismen (lebende Systeme), soziale Systeme* und *psychische Systeme*. „Soziale Systeme" ist ein Sammelbegriff für eine Vielzahl sozialer Einheiten verschiedener Größen und Arten (vgl. Grossmann et al. 2015: 29) unter dem auch die Musikschulen zu verorten sind. Im Folgenden sollen die systemtheoretischen Grundlagen zur Bildung von Modell 1 „Musikschule als soziales System und nicht-triviale Maschine" gelegt werden.

2.3.1 Systeme als triviale und nicht-triviale Maschinen

Heinz von Förster (1997: 32–51) hat Luhmanns Systemkategorie „Maschine" erweitert und den Begriff der „trivialen Maschinen" eingeführt. In einer trivialen Maschine bringt ein bestimmter Input immer einen vorhersagbaren Output hervor. Zum Beispiel führt das Zuführen gewisser Zutaten wie Kaffeepulver und Wasser (Input) aufgrund der spezifischen Konstruktion der Kaffeemaschine (System) bei Knopfdruck zu einer Tasse Kaffee (Output). Die Eingabe in die Maschine ist damit deterministisch mit der Ausgabe gekoppelt (vgl. Simon 2015: 35). Auf eine Organisation übertragen, würde man deren Leistungserbringung nach diesem Modell auf jeder Ebene und zu jeder Zeit zuverlässig voraussagen können. Berechenbar ist jedoch nur die Leistung technischer Systeme (Maschinen), nicht aber die der lebenden, sozialen und psychischen Systeme. Der Grund dafür liegt in der Komplexität und den damit verbundenen Wechselwirkungen zwischen Systemen der letzteren drei Arten. Die Voraussetzung für das Erklären von Komplexität ist ein Verständnis für systemimmanente Prozesse und ihre Kopplung mit der Umwelt.

2.3.2 System und Umwelt

Luhmann weist darauf hin, dass vor der Prägung des Terminus „System" schon in der Antike von „Ganzheiten" gesprochen wurde, die aus Teilen bestehen (vgl. Luhmann 1994: 20). Ein System definiert sich als Ganzheit aus der Differenz zu seiner Umwelt.

> „Wir verstehen die *Umwelt* als den Raum jenseits der Grenze dessen, was wir als System definieren (= abgrenzen). Darunter fallen alle anderen Systeme, mit denen unser Referenzsystem in Verbindung ist oder auch nur sein könnte." (Baumfeld et al. 2009: 129; Hervorh. im Original)

Die Teile der Ganzheit, auch Elemente genannt, sind dabei die Komponenten des Systems, die in einer wechselseitigen Beziehung stehen und materieller und immaterieller Art sein können (vgl. Rüegg-Stürm 2003/2005: 17f.).

2.3.3 System und Komplexität

Aufgrund des wechselseitigen Austauschs der Systemelemente entwickelt sich eine gewisse Eigendynamik. Aus den dadurch entstehenden Emergenzen generiert ein System Komplexität (vgl. Rüegg-Stürm 2003/2005: 18). Diese entsteht jedoch nicht nur im System selbst, sondern auch im Austausch mit seiner Umwelt. Auf diese Weise bildet sich eine umweltbedingte systemimmanente Komplexität.

> „Während Organisationen also *in Relation zu ihrer Umwelt* immer Komplexität reduzieren müssen, gilt es auch oft, *in Relation zu ihrem eigenen Zustand* die Komplexität zu erhöhen." (Boos/Mitterer 2014: 62; Hervorh. im Original)

Dies klingt zunächst paradox, daher ein Beispiel:

Die Mannschaft einer Segelyacht arbeitet umso effektiver, je besser verschiedene Schiffsmanöver standardisiert und trainiert wurden, da dies ein schnelles Reagieren auf veränderte Bedingungen möglich macht, z. B. das Einholen der Segel bei einem aufkommendem Sturm. Die Summe dieser Manöver erhöht zwar die Komplexität des Systems, aber zugleich auch seine Handlungsfähigkeit.

Aufgrund der Annahme Luhmanns (1994: 249f.), dass die Umwelt immer einen höheren *Komplexitätsgrad* aufweise als das darin befindliche System selbst, entsteht ein *Komplexitätsgefälle.* Diese latente Komplexitätsunterlegenheit muss der Kapitän der Segelyacht durch eine überlegene Ordnung ausgleichen.

2.3.4 System und operative Geschlossenheit

> „Seitdem es Soziologie gibt, befaßt [!] sie sich mit Differenzierung. Schon dieser Begriff verdient einige Aufmerksamkeit. Er steht für die Einheit (oder die Herstellung der Einheit) des Differenten." (Luhmann 1998: 595)

Oder auch: Seit es Luhmanns Theorie der sozialen Systeme gibt, befasst sich die Soziologie mit dem Differenten. Ein soziales System definiert sich aus seiner Differenz zu seiner Umwelt und bildet so Systemgrenzen (z. B. ist der menschliche Körper durch die Haut von der Umwelt abgegrenzt). Diese Systemgrenzen aufrechtzuerhalten, ist für das jeweilige System von existenzieller Bedeutung.

> „Der schwer zu verdauende und unserem intuitiven Verständnis von Erkenntnis der Realität zuwiderlaufende Aspekt dieses Theorieansatzes ist, dass das Gehirn offenbar keinen direkten Zugang zur Welt hat und braucht. Es ist ein in sich geschlossenes, gegenüber seiner Umwelt vollkommen abgegrenztes System, das sich in seinen Aktivitäten allein auf sich selbst, d. h. seine eigenen Aktivitäten bezieht." (Simon 2015: 47)

Der Umstand, dass sich ein System ausschließlich mit seinen eigenen Operationen beschäftigt, wird als *operative Geschlossenheit* bezeichnet. Luhmann (2011: 51 f.) schreibt dazu:

> „Ein System kann operativ geschlossen und, wie zum Beispiel ein Gehirn, in extremem Maße auf die ständige Zufuhr von Ressourcen sehr spezifischer Art (hier vor allem: den Blutkreislauf) angewiesen sein. Operative Schließung heißt also nur, dass das System nur im Kontext eigener Operationen operieren kann und dabei auf mit eben diesen Operationen erzeugte Strukturen angewiesen ist. In diesem Sinne spricht man auch von Selbstorganisation oder, was Operationen betrifft, von Strukturdeterminiertheit."

2.3.5 System und Autopoiesis

Im Zusammenhang mit der operativen Schließung wird oft der Begriff der „Autopoiesis“[4] genannt. Er beinhaltet, dass Systeme nicht nur ihre internen Strukturen, sondern auch die Elemente, aus denen sie bestehen, generieren (vgl. Boos/Mitterer 2014: 103). Luhmann (2011: 48 f.) schreibt dazu:

> „Wie der Begriff der ‚poíesis‘ besagt, geht es um Herstellung eines Werkes, um Erzeugung des Systems als sein eigenes Produkt. Das bedeutet selbstverständlich nicht, dass das System selbst über alle Ursachen verfügt, die zur Selbstproduktion erforderlich sind. Keine Kausaltheorie könnte sich auf ein solches Konzentrat aller Ursachen in einem System (es sei denn: in Gott) einlassen.“

Zum Schluss sei noch ein Zitat Luhmanns über den Zusammenhang von Autopoiesis und Komplexität angeführt:

> „Ein System kann nicht mehr oder weniger autopoietisch sein, […] wohl aber mehr oder weniger komplex.“ (Luhmann 2011: 51)

2.3.6 Modell 1 – Musikschule als soziales System und nicht-triviale Maschine

Abbildung 3 zeigt das System Musikschule in seiner System-Umwelt-Beziehung. Auf der linken Seite liegt der *Umwelt-Input*, in der Mitte die *Inwelt* und auf der rechten Seite der *Umwelt-Output*.

4 An dieser Stelle sei auf die Schriften von Maturana und Varela verwiesen, die jedoch in dieser Arbeit nicht zitiert werden.

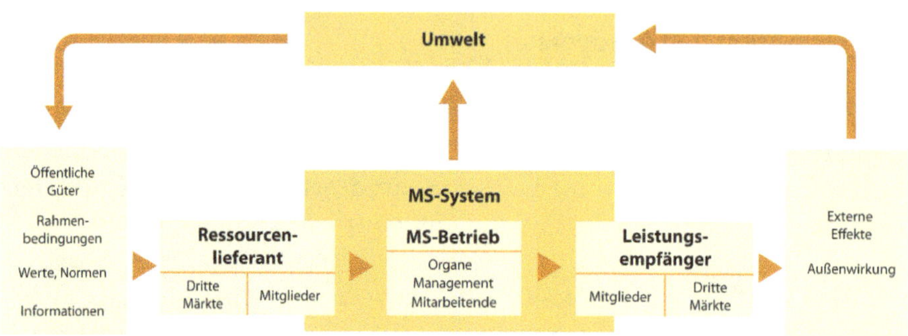

Abb. 3: Musikschule als soziales System und nicht-triviale Maschine (vgl. Lichtsteiner et al. 2015a: 39)

Wichtig für das Verständnis einer nicht-trivialen Maschine im Rahmen der Input-Output-Betrachtung ist die Tatsache, dass der Input den Output aufgrund der systemeigenen Komplexität nicht zwingend determiniert. Anhand eines Beispiels soll dies im Modell 1 veranschaulicht werden:

Eine Musikschulleiterin erhält eine Anfrage bezüglich einer Kooperation mit einem Musikverein (Umwelt/Input). Die Leiterin prüft die Anfrage und entscheidet sich dafür, diese Kooperation in die Tat umzusetzen (Inwelt/Management). Sie prüft die Ressourcen (Personal, Finanzierung etc.), plant den Ablauf und ernennt ein Team, das sich um die inhaltliche Konzeption kümmert (Inwelt/Mitarbeiter). Die Kooperation beginnt, und das Musikschulteam unterrichtet nach dem erstellten Konzept die Mitglieder des Musikvereins (Umwelt/Output). Damit konnte die interne Struktur der Musikschule das Umwelt-Input-Problem lösen.[5] Nach einem Jahr veranstalten Musikschule und Musikverein im Rahmen der Kooperation ein Vorspiel im Konzertsaal der Musikschule (Output/Außenwirkung). Der erste Vorsitzende eines anderen Musikvereins sitzt im Publikum und ist von den hörbaren Ergebnissen der Kooperation begeistert (Output/externe Effekte). Er fragt seinerseits bei der Musikschulleiterin nach, ob die gleiche Kooperation auch mit seinem Musikverein möglich sei (gleicher Input). Die Musikschulleiterin prüft diese Anfrage (gleicher Prozessablauf wie beim ersten Verein). Nun ist es möglich, dass das gleiche Team verfügbar ist; es kann aber auch sein, dass ein völlig neues Team gebildet werden muss, weil

5 Die Strukturen der Musikschule steuern ihre Prozesse. Zur Erinnerung: Die Tatsache, dass das „Verhalten" der Musikschule selbstbezogen und innengesteuert, also operativ geschlossen ist, nennt man autopoietisch.

eine Lehrkraft an ihre Kapazitätsgrenze stößt oder eine Mitwirkung bei einer zweiten Kooperation ablehnt. Für den ersten Vorsitzenden als Außenstehenden ist damit nicht vorhersehbar, wie die Musikschule auf seine Anfrage reagieren wird (der Input determiniert nicht zwingend den Output), weil trotz der gegebenen Systemstruktur der Musikschule diverse Variablen für Komplexität sorgen. Kann die Musikschule das gleiche Team schicken, ist keine Strukturänderung nötig, möchte die Schule jedoch aufgrund weiterer Vereinsanfragen zusätzliches Personal einstellen, um dieser Nachfrage gerecht zu werden, determinieren die Kooperationen mit den Vereinen die internen Strukturen der Musikschule.

Wie in Kapitel 2.3.3 erwähnt, ist die Umwelt eines Systems immer komplexer als das System selbst. Um dieses Komplexitätsgefälle auszugleichen, ist es zur Sicherung des Überlebens eines Systems wichtig, auf eine sich verändernde Umwelt mit geeigneten Anpassungen zu reagieren. Dies schließt eine adäquate Reaktion auf gesellschaftlichen Wandel ein, dessen theoretische Betrachtung Thema des nächsten Kapitels ist.

3 Wandel

Sozialer Wandel ist seit der Veröffentlichung des Werkes *Social Change* von William F. Ogburn (1886–1959) ein Grundbegriff in der Soziologie (vgl. Schäfers 2012: 22).

> „In der Soziologie stellt ‚sozialer Wandel' […] wohl einen der elementarsten Begriffe dar. Im Sinne einer eigenständigen Wissenschaft entwickelte sich die Disziplin ‚Soziologie' vornehmlich in der Folge grundlegender gesellschaftlicher Veränderungen, in deren Verlauf sich die Wahrnehmung der Menschen für die Wandelbarkeit sozialer Ordnungen schärfte." (Jäger/Meyer 2003: 15)

Allgemein ist unter sozialem Wandel die strukturelle Veränderung einer Gesellschaft in Beziehung zu ihrer historischen Entwicklung zu verstehen. Im Folgenden sollen zwei Definitionen von sozialem Wandel der Begriffsklärung dienen:

> „Unter *sozialem Wandel* wird die Veränderung der Sozialstruktur einer Gesellschaft oder einzelner Bereiche in einem bestimmten Zeitraum verstanden. Sie ist verknüpft mit Veränderungen im Normen- und Wertesystem, in den Institutionen und Organisationen. Je nachdem, wie schnell sich die Basisstrukturen einer Gesellschaft verändern, spricht man von langsamem oder beschleunigtem Wandel." (Schäfers 2012: 22; Hervorh. im Original)

Schäfers spricht in seiner Definition von Veränderungen im Normen- und Wertesystem. Daraus lässt sich schließen, dass gesellschaftlich relevanter Wandel immer auch normativen Charakter hat. Hier noch eine zweite Definition aus einem anderen Blickwinkel:

„Insgesamt betrachtet lässt sich wohl nicht leugnen, dass jener Wirkungs-, Sinn- und Bedeutungszusammenhang, den wir ‚Gesellschaft' nennen, in beschleunigte Bewegung gerät. Nun bezeichnet die Soziologie bedeutsame Veränderungen dieses Zusammenhangs allgemein als *sozialen Wandel*." (Jäger/Meyer 2003: 11; Hervorh. im Original)

3.1 Theorien des sozialen Wandels

In der Soziologie gibt es unterschiedliche Theorien des sozialen Wandels, die eine Gesellschaft in all ihren Teilbereichen und komplexen Wechselwirkungen zu erklären helfen. Dazu seien fünf ausgewählte Theorien genannt: *Erstens* die evolutionistische (Herbert Spencer) und die neo-evolutionistische (Niklas Luhmann); *zweitens* die strukturfunktionalistische und systemfunktionalistische (Talcott Parsons, Niklas Luhmann), *drittens* die marxistische und neo-marxistische Theorie (Pierre Bourdieu); *viertens* Theorien der sozialen Mobilisierung, der gesellschaftlichen Transformation und der Modernisierung (Karl W. Deutsch, Daniel Lerner, Wolfgang Zapf) und *fünftens* und letztens mikrosoziale Theorien der Veränderung von Wert- und Normensystemen (George C. Homans) (vgl. Schäfers 2012: 23).

Alle vorgestellten Theorien haben gemeinsam, dass sie nicht nur empirische Daten sammeln und auswerten, sondern auch nach Ursachen für sozialen Wandel suchen und dessen Wirkungen erforschen. Abhängig von dem zugrundeliegenden theoretischen Fundament und der jeweiligen Zielsetzung der Untersuchung können auch historische Zusammenhänge in die Analyse einfließen (vgl. Schäfers 2012: 23). Die Vielzahl bestehender soziologischer Theorien, mit deren Hilfe der soziale Wandel erhellt wird, zeigt dessen hohen Stellenwert in der Soziologie. Wie man am folgenden Zitat erkennen kann, unterliegen Theorien des sozialen Wandels, die man als Denksysteme interpretieren kann, selbst im Rahmen ihrer Umwelt-System-Beziehung einem ständigen Wandel:

> „Es sieht so aus, als könne die soziale Dynamik von keinem Label und wohl auch von keiner Theorie eingeholt werden; eher scheint das Thema des Wandels jede Theorie unverzüglich zu überrollen und die Stabilität ihrer Prämissen und Begriffe in Frage zu stellen." (Jäger/Meyer 2003: 11)

3.2 Sozialstrukturanalyse

Die Sozialstrukturanalyse bedient sich systematischer Untersuchungsmethoden, um sozialen Wandel umfassend erkennen und erklären zu können. Hierbei wird das gesamte Wandlungsgeschehen in Teilbereiche zergliedert und jeweils analysiert. Danach werden die Teilbereiche auf ihre wechselseitige Beziehung hin untersucht. Die daraus gewonnenen Erkenntnisse helfen Ursachen-/Wirkungszusammenhänge zu verstehen. Aus den Forschungsergebnissen lassen sich in Verbindung mit empirischen Daten Prognosen erstellen und Trends ableiten. Zum Begriff der „Struktur" schreiben Jäger/Meyer (2003: 16):

> „*Wandel* ist eben nur mit Hilfe und vor dem Hintergrund von Stabilität bzw. sozialer Struktur begrifflich aufzunehmen; dabei bezeichnen ‚Strukturen' zunächst ganz allgemein relativ stabile Muster des sozialen Handelns und der Interaktion." (Hervorh. im Original)

Die Basis für die Analyse der Strukturen liefern soziale Indikatoren wie beispielsweise die Bevölkerungsstruktur, die durch verschiedene Methoden der Datenerhebung quantifiziert werden. Schäfers (2012: 16) beschreibt den Begriff „Strukturanalyse" wie folgt:

> „Die *Sozialstrukturanalyse* hebt aus der Vielzahl der relevanten Elemente jene hervor, die für ein gesellschaftliches System und seine Integration zentral sind. Die Sozialstrukturanalyse ist zwar eine Momentaufnahme, berücksichtigt aber die Prozesse des sozialen Wandels, die zum gegebenen Zustand geführt haben und Ausgangspunkt weiterer Entwicklungen sind." (Hervorh. im Original)

Ein Problemfeld der Sozialstrukturanalyse ist die Komplexität des sozialen Wandels. Man versucht zwar in der Analyse die gegebene Komplexität durch die Bildung untersuchbarer Teilbereiche zu reduzieren; eine völlige Isolation eines Teilbereichs ist aufgrund der Interdependenzen zwischen den Teilbereichen aber nahezu unmöglich. Daher sind Überblendungen in einer systemisch gedachten Strukturanalyse aufgrund der dynamischen Vernetzung der Einzelteile eine unvermeidliche Begleiterscheinung. Parsons (2003: 14) beschreibt diese Wechselbeziehungen als „Phänomen der gegenseitigen Durchdringung". Nach welchen Kriterien die Teilbereiche abgegrenzt werden, hängt *erstens* von dem zu untersuchenden Handlungsbereich und *zweitens* von der Schwerpunktsetzung des Untersuchenden ab. Die nachfolgende

Makro-Umwelt-Analyse greift im Beschreibungs- und Erklärungsprozess zum einen auf den quantitativen und qualitativen Output vorausgegangener Strukturanalysen zurück, nutzt aber zum anderen deren theoretische Grundlagen zur eigenen Modellbildung.

3.3 Modell 2 – Makro-Umwelt-Analyse für Musikschulen

Der zu untersuchende Gegenstand ist im Rahmen dieser Arbeit die Makro-Umwelt der Musikschulen und der damit verbundene soziale Wandel. Nun stellt sich die Frage nach einer sinnvollen Vorgehensweise bezüglich der Einteilung der zu untersuchenden Makro-Umwelt in adäquate Teilbereiche. Die Einteilung sollte einerseits möglichst wenige Interdependenzen zwischen den Teilbereichen mit sich bringen und andererseits bestehende Fragestellungen passgenau jeweils einem Teilbereich zuordnen. Die Managementlehre nutzt solche Situationsanalysen für ihre Zwecke und hat für die jeweiligen Zielsetzungen der Untersuchung Modelle wie beispielsweise Geschäftsfeld-, Markt- oder Konkurrenzanalysen entwickelt. Ursprünglich sollte das St. Galler Management-Modell mit seiner Segmentierung der Umwelt in vier Sphären zur Analyse genutzt werden.[6] Allerdings ist diese Einteilung mit der in der Soziologie üblichen Terminologie nicht kompatibel und in der Aufteilung der Teilbereiche für die Zwecke der vorliegenden Arbeit weniger gut geeignet. Daher wird im folgenden Kapitel eine alternative Aufteilung vorgeschlagen, die auch bei der Umweltanalyse in dieser Arbeit Verwendung finden wird.

3.3.1 Sphären der Makro-Umwelt

> „Um einen Überblick über komplexe Zusammenhänge oder das Ganze zu gewinnen, aber auch, um nicht offen zutage liegende Zusammenhänge zu verstehen, entwickeln Menschen Modelle, d. h. vereinfachende und stilisierende Verdeutlichungen. Soziologen machen sich reale Gesellschaften meist mit Hilfe eines ‚Systemmodells' verständlich, das dann je nach Auslegung Aspekte, Teile, Bereiche, Ereignisse und Elemente der Wirklichkeit ausblendet oder zurückdrängt, beleuchtet oder hervorhebt. Immer werden somit gewisse Bestandteile der Wirklichkeit ignoriert oder als weniger relevant erachtet." (Jäger/Meyer 2003: 20)

6 In der Soziologie steht, beispielsweise nach Simmel, die Gesellschaft für die Summe der vergesellschafteten Individuen sowie aller sozialen Gruppen bis hin zu komplexen Organisationen und den sich daraus ergebenden Wechselwirkungen (vgl. Schäfers 2012: 13). Folglich fiele der Bereich Wirtschaft als Handlungsfeld der wirtschaftenden Unternehmen im Sinne der oben genannten soziologisch gedachten Definition Simmels unter den Oberbegriff Gesellschaft und wäre damit als ein Teilbereich dieser aufzufassen. Eine klare Abgrenzung zwischen *Ganzem* und *Teil eines Ganzen* ist aus systemischer Sicht jedoch von großer Bedeutung.

Dieser Forschungsmeinung folgend soll ein für die Belange der Musikschulen angepasstes Analysemodell entwickelt werden.

In der Sozialstrukturanalyse werden die zu untersuchenden Teilbereiche oftmals Felder genannt. Ihre Abgrenzung richtet sich danach, was der Untersuchende als relevantes Feld definiert, und wird von der jeweiligen Zielsetzung der Analyse geprägt. Für die vorliegende Arbeit verengt sich der Blick auf die Felder, die für das Erfassen des Wandlungsgeschehens für Musikschulen relevant sind. Die in Abbildung 4 aufgezählten Felder sind das Ergebnis dieser Überlegung. In Anlehnung an das St. Galler Management-Modell (vgl. Rüegg-Stürm 2003/2005: 24) werden die Felder als *Sphären* und ihre Gesamtheit als *Umweltsphären* bezeichnet.[7]

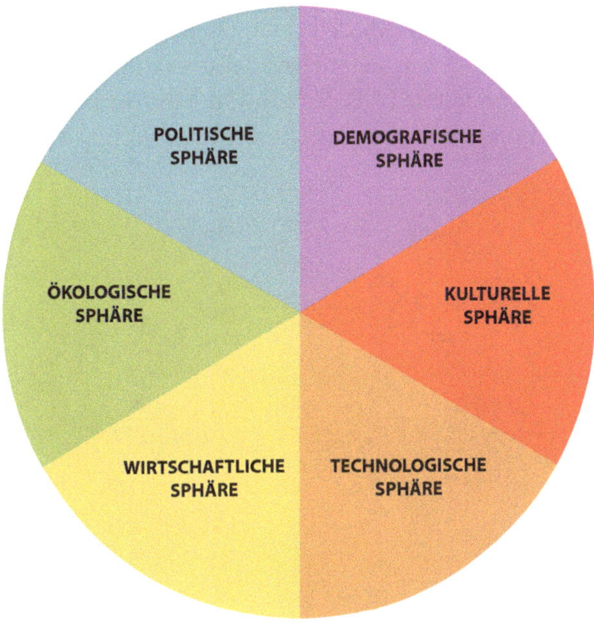

Abb. 4: Sphären der Makro-Umwelt

7 Auf eine ausführliche Erörterung und inhaltliche Abgrenzung der sechs Sphären wurde verzichtet, da die Namen der Felder im Grunde selbstbeschreibend sind. Es sei jedoch darauf hingewiesen, dass die politische Sphäre die rechtliche Sphäre umfasst.

3.3.2 Gesellschaftliche Ebenen

Die gesellschaftlichen Ebenen teilen sich in *Mikro-Ebene, Meso-Ebene* und *Makro-Ebene.*

> „Sozialer Wandel ist auf verschiedenen gesellschaftlichen Ebenen zu beobachten, auf der *Makroebene* der Sozialstruktur und Kultur, auf der *Mesoebene* der Institutionen, korporativen Akteure und Gemeinschaften, auf der *Mikroebene* der Personen und ihrer Lebensläufe." (Weymann 1998: 14; Hervorh. im Original)

In der Soziologie ist eine bipolare Teilung in eine Mikro- und eine Makro-Ebene eher gebräuchlich. Für die Analyse in dieser Arbeit ist das von Weymann erwähnte dreigliedrige Modell geeigneter, weil sich in diesem Modell die Musikschulen in institutioneller Hinsicht über die Zuordnung zur Meso-Ebene klar zur Makro-Ebene (z. B. VdM) und Mikro-Ebene (z. B. Mitarbeiter einer Musikschule) abgrenzen lassen (siehe Abbildung 5).

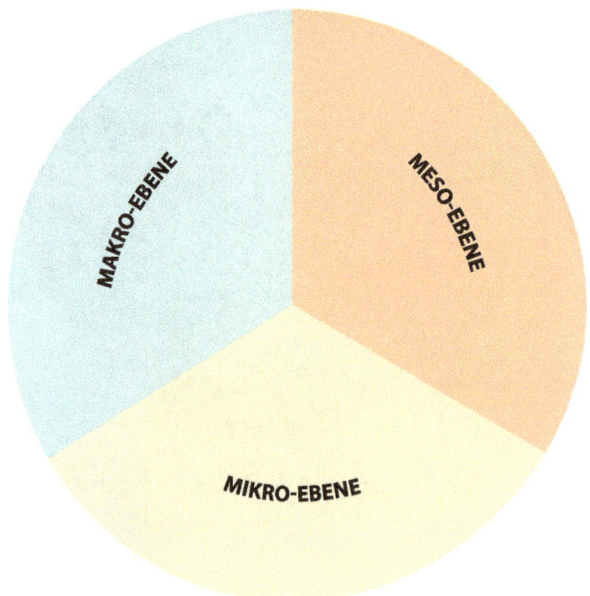

Abb. 5: Gesellschaftliche Ebenen (vgl. Weymann 1998: 14)

3.3.3 Dimensionen des Wandels

Innerhalb einer Sozialstrukturanalyse lässt sich der soziale Aspekt aus einem *sachdominanten*, einem *räumlichen* und einem *zeitlichen* Blickwinkel betrachten. Artefakte, wie beispielsweise Geld, haben immer auch Einfluss auf soziale Normen oder kulturelle Standards und sind charakteristisch für die Dimension der Sachdominanz. Die räumliche Dimension zeigt sich zum Beispiel darin, dass soziales Handeln durch bebaute oder unbebaute Räume in einer gewissen Weise immer vorstrukturiert ist (vgl. Schäfers 2012: 20 f.). Aber auch räumliche Bewegungen wie beispielsweise Migration können dieser Dimension zugerechnet werden. Zeit könnte man als die eigentliche Dimension des Wandels bezeichnen, da ein Wandlungsgeschehen erst im Verhältnis von Zeitpunkt A zu Zeitpunkt B erkennbar wird.

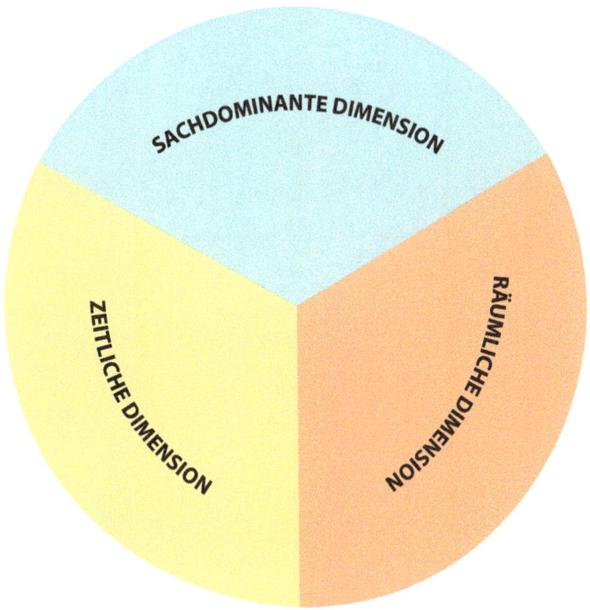

Abb. 6: Dimensionen des Wandels (vgl. Schäfers 2012: 20)

3.4 Zusammenfassung

Vor dem Hintergrund der Sozialstrukturanalyse stellt das Modell 2 ein Instrument dar, mit dem es möglich ist, den für Musikschulen relevanten Wandel strukturiert zu analysieren. Es wurde in Kapitel 3.1 festgestellt, dass Theorien des sozialen Wandels als „Denksysteme" – wie andere Systeme auch (z. B. Musikschule) – auf den realen sozialen Wandel adäquat reagieren müssen, um der steigenden Komplexität einer sich ausdifferenzierenden Gesellschaft gerecht zu werden. Dies trifft auch, und vielleicht sogar in besonderem Maße, auf Managementsysteme zu, die in den letzten 60 Jahren diverse Wandlungsphasen durchlaufen haben.

4 Normatives Management

Man unterscheidet bei der Betrachtung des Wandlungsgeschehens Sphären, die Quellen des Wandels sind (z. B. technologische Sphäre), und solche, die sich primär dem Wandel anpassen müssen, wie (in der Regel) die wirtschaftliche Sphäre. Dies bedeutet, dass die systemimmanenten Strukturen und Prozesse einer Organisation und damit auch deren Managementsysteme einem ständigen Wandel unterworfen sind. Wie in Kapitel 2 erläutert, werden interne Strukturen verändert, um das Komplexitätsgefälle des Unternehmens zur Umwelt auszugleichen – und dies möglichst unter Ausnutzung der sich daraus ergebenden Marktchancen. Baumfeld (2009: 31 f.) nennt dazu vier Wandlungsphasen: In der Phase der *Unternehmensplanung* orientiert man sich vornehmlich an kurzfristigen Finanzströmen. Ihr folgt die Phase der *strategischen Planung* – etwa als Reaktion auf die Ölkrise 1973, die den Glauben an Trendexplorationen schwer erschütterte. Aus dieser Zeit gingen Managementinstrumente zur systematischen Situationsanalyse hervor, mit dem Ziel, mittel- und langfristige Planungssicherheit zu erlangen. In den 80er Jahren entwickelte sich das strategische Management, das „weiche Faktoren“ wie beispielsweise Mitarbeitermotivation und Kundenbeziehungen in den Fokus rückte. Das evolutionäre Management der 90er Jahre hat mit seinem ganzheitlichen Verständnis der komplexen Beziehungen zwischen Unternehmen und Umwelt Auswirkungen bis in die Gegenwart. In dieser Zeit schrieb Knut Bleicher (1994) das auf dem St. Galler Management-Konzept fußende Standardwerk *Normatives Management.*

4.1 Norm

Das Wort *Norm* lässt sich etymologisch auf das lateinische Wort *norma* (Winkelmaß, Richtschnur, Regel, Maßstab, sittliches Ge- oder Verbot) und das Verb *normieren* auf das lateinische Wort *normare* (einrichten) zurückführen. Normieren bedeutet auch Normen schaffen, und das Adjektiv *normativ* bezieht sich auf die Anwendung und Wirkung von Normen (vgl. Siller 2011: 25). In dieser Arbeit wird eine Norm allgemein als Gesetz oder Prinzip im Sinne einer gesellschaftlich anerkannten Vorschrift verstanden. Im normativen Management spezifiziert sich diese Definition als Verhaltensregel, deren Einhaltung erwartet wird, wobei man im Hinblick auf den Grad der Verbindlichkeit in Muss-, Soll- und Kann-Normen unterscheiden kann (vgl. Peters 2015: 2991). Der Begriff lässt sich weiter differenzieren, wenn man die Quellen betrachtet, aus denen sich eine Norm speist: 1. Moral, 2. Ethos, 3. Recht und externe untergesetzliche Regelungen sowie 4. Ethik (vgl. Siller 2011: 31). Diese vier *unternehmensinternen Normen* werden in Denkmodellen als Strukturgeber bei der Bildung von Unternehmens- und Managementphilosophien im Rahmen der Unternehmensführung genutzt. Nach der Erläuterung des Begriffs *Norm* wird das Wort *Management* im Folgenden nicht über eine Definition, sondern über eine Gegenüberstellung der traditionellen und der integrativen (systemischen) Sichtweise beleuchtet.

4.2 Management

Die Managementlehre bietet für die unterschiedlichsten Problemstellungen eine Vielzahl von Modellen an. Diese erschöpfend aufzuführen, würde den Rahmen dieser Arbeit sprengen und ist auch an dieser Stelle nicht geboten. Die Vorstellung zweier grundsätzlicher Sichtweisen genügt, um sich einen Überblick zu verschaffen.

4.2.1 Traditionelle Sichtweise

Das traditionelle Unternehmerverständnis geht davon aus, dass die ökonomische Umwelt und die mit ihr verbundene eindimensionale unternehmerische Zielsetzung – nämlich das Streben nach Gewinnmaximierung – im Mittelpunkt stehen. Dieses Verständnis wird legitimiert durch die allgemeine Gleichgewichtstheorie, die besagt, dass – perfekte Märkte vorausgesetzt – immer eine Tendenz zum Ausgleich von Angebot und Nachfrage besteht. Das Primat der Gewinnmaximierung ist die Triebkraft für wirtschaftlichen Erfolg und stellt langfristig sicher, dass alle Menschen am *Wohlstandsgewinn* partizipieren können (Dubs 2012: 6f.). Zwar brachte diese Denkweise der deutschen Bevölkerung nach dem Zweiten Weltkrieg tatsächlich Wohlstand und einen hohen Lebensstandard, doch werden die Folgen dieses traditionellen Wirtschaftsverständnisses zunehmend kritisch diskutiert.

4.2.2 Neue integrative Sichtweise

Angesichts globaler Umweltschäden, einer immer größer werdenden sozialen Schere und anderen Symptomen der modernen kapitalistischen Gesellschaft zeichnet sich seit den 70er Jahren in der ökonomischen Forschung – und zeitversetzt auch in den Unternehmen – ein Paradigmenwechsel ab, der die neue Prämisse *Gewinn unter Nebenbedingungen* hervorbrachte. Dies bedeutet, dass in der strategischen Planung das Gewinnstreben zwar nach wie vor die Triebfeder für das Agieren am Markt ist, aber Nebenbedingungen wie Umweltschutz, soziale Verantwortung, gesellschaftliche Nutzenstiftung und Interessenausgleich bei den Stakeholdern[8] eine wichtige Rolle spielen. Diese

8 Stakeholder sind Menschen, Organisationen und Institutionen, die von den Wert- oder Schadschöpfungsprozessen des jeweiligen Unternehmens betroffen sind (vgl. Dubs et al. 2004: 71). „Als ‚Stakeholder' […] werden dabei Gruppen oder Individuen angesehen, die

erweiterte Sichtweise bringt eine nie dagewesene Komplexität mit sich und damit auch Zielkonflikte, deren Lösungen einerseits in einer klaren normativen Ausrichtung und den damit verbundenen *Vorentscheiden* und andererseits in einem integrierten Managementsystem – wie beispielsweise dem St. Galler Management-Konzept – zu suchen sind.

entweder aktiv Einfluss auf die Entscheidungen des Unternehmens nehmen können oder passiv durch dessen Entscheidungen betroffen sind". (Steinmann/Schreyögg 2000: 75 f.)

4.3 St. Galler Management-Konzept

Auf der Grundlage der oben beschriebenen Sichtweisen wurden, wie erwähnt, zahlreiche Konzepte entwickelt, die jeweils im Rahmen des Managements bestimmte Funktionen erfüllen sollen – darunter auch das St. Galler Management-Konzept, das nun vorgestellt wird. Auch Knut Bleicher bezieht sein Konzept des normativen Managements (siehe Kapitel 4.4) ausdrücklich auf dieses Modell.

4.3.1 Erste Generation

Hans Ulrich und seine Schüler legten an der Universität St. Gallen Mitte der 60er Jahre den Grundstein für das St. Galler Management-Konzept (vgl. Bleicher 2011: 85). Basierend auf der Systemtheorie und der Kybernetik veröffentliche Ulrich 1968 sein Buch *Die Unternehmung als produktives soziales System* und legte damit den Grundstein für eine Lehre der systemischen Unternehmensführung. 1972 erschien das Buch *Das St. Galler Management-Modell* von Ulrich und Krieg, dessen Ordnungsrahmen auf systemischem Denken basiert (vgl. Schwegler 2008: 1348). Ziel des Konzeptes war es, der wachsenden Komplexität und Dynamik einer sich immer weiter ausdifferenzierenden Gesellschaft und den damit verbundenen unternehmerischen Herausforderungen adäquat begegnen zu können.

4.3.2 Zweite Generation

Das St. Galler Management-Konzept wurde in den 70er und 80er Jahren vor allem in den Bereichen *Unternehmenskultur* und *integriertes Management* weiter ausgearbeitet. In dieser Zeit kamen die drei Dimensionen des normativen, strategischen und operativen Managements hinzu. Das Konzept erfuhr durch Knut Bleicher und dessen Veröffentlichungen eine besondere Akzentuierung des normativen Aspekts. Das systemimmanente Streben nach vollständiger Integration bzw. innerer und äußerer Harmonisierung bestimmt die Unternehmensentwicklung. Damit ist Bleichers Konzept nicht länger deskriptiv, sondern präskriptiv – also normativ – ausgerichtet (vgl. Schwegler 2008: 1379). Nach einer erneuten Forschungsinitiative 1998 veröffentlichte Knut Bleicher ein Jahr später sein Buch *Das Konzept integriertes Management*. Schwegler (2008: 1368) schreibt dazu:

„Bleicher ist es mit seinem Konzept in beachtlichem Umfang gelungen, neue Erkenntnisse der Führungsforschung in sein Modell einzubinden und die unterschiedlichen Teilprobleme miteinander zu vernetzen.“

4.3.3 Neues St. Galler Management-Modell

In Jahr 2002 veröffentlichte Rüegg-Stürm unter dem Titel *Das neue St. Galler Management* eine Weiterentwicklung des Modells, das sich weniger auf die Arbeiten Bleichers und mehr auf die erste Generation des Modells stützt. 2014 erschien das von Rüegg-Stürm und Grand verfasste Buch *Das St. Galler Management Modell: 4. Generation – Einführung* mit weiteren Anpassungen. Diese neuen Entwicklungen sollen hier aber nicht näher beschrieben werden, wohingegen Bleichers Modell mit seinem besonderen Bezug zum normativen Management dem Erkenntnisinteresse der vorliegenden Arbeit besonders dienlich sein wird.

4.4 Modell 3 – Bezugsrahmen nach Knut Bleicher

Knut Bleicher (1994) entwickelte ausgehend vom St. Galler Management-Konzept für das *Konzept des integrierten Managements* einen ganzheitlichen Bezugsrahmen, mit dessen Hilfe vielfältige Einflüsse in ein Netzwerk von Beziehungen integriert werden können. Er (2011: 87) bezeichnet das Konzept als „Leerstellengerüst für Sinnvolles und Ganzheitliches". Im Mittelpunkt der Betrachtung stehen die einzelnen Management-Dimensionen. Sie bilden das Grundgerüst des Bezugsrahmens. Dabei werden diese Dimensionen gemäß dem systemischen Ansatz als logisch voneinander abgegrenzte, aber sich dennoch gegenseitig durchdringende Problemfelder gesehen (Bleicher 2011: 85). Der Bezugsrahmen soll der Betrachtung, Diagnose und Lösung von Managementproblemen dienen. Der Rahmen stellt laut Bleicher (2011: 86) eine „Provokation zu einem strukturierten Dialog" über grundlegende Fragen des Managements dar, der auf der Selbstreflexion der Beteiligten beruht. Überblick verschaffen Abbildung 7 und eine kurze Beschreibung der Elemente des Bezugsrahmens.

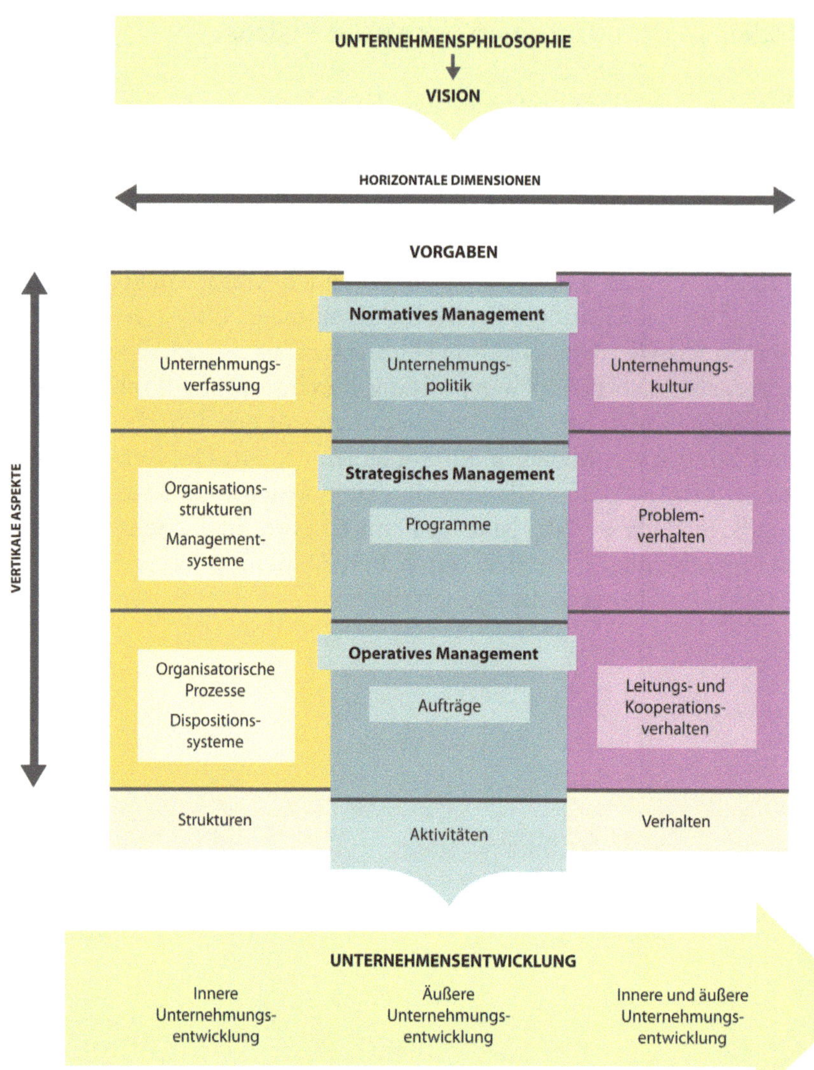

Abb. 7: Bezugsrahmen nach Knut Bleicher (vgl. Bleicher 2011: 96)

4.4.1 Unternehmens-Philosophie – Integration durch die konstitutive Kraft des Normativen in der Metadimension

Die Management-Philosophie leitet sich von dem Begriff der Unternehmungs-Philosophie ab, die ihrerseits die

> „paradigmatisch geprägte Einstellung der Unternehmung zu ihrer Rolle und ihrem Verhalten in der Gesellschaft kennzeichnet." (Bleicher 2011: 87)

> „Unter ‚Management-Philosophie' werden ... die grundlegenden Einstellungen, Überzeugungen, Werthaltungen verstanden, welche das Denken und Handeln der maßgeblichen Führungskräfte in einem Unternehmen beeinflussen. Bei diesen Grundhaltungen handelt es sich stets um Normen, um Werturteile, die aus den verschiedensten Quellen stammen und ebenso geprägt sein können durch ethische und religiöse Überzeugungen wie auch durch die Erfahrungen in der bisherigen Laufbahn einer Führungskraft." (Ulrich/Fluri zit. n. Bleicher 2011: 100; Auslassungspunkte im Original)

Die Unternehmens-Philosophie und die sich daraus ableitende Management-Philosophie impliziert ein grundlegendes Menschenbild, ist mit bestimmten Wertvorstellungen verknüpft und beantwortet die Frage nach dem *Sinn* des Unternehmens im Allgemeinen und für dessen relevante Stakeholder im Besonderen.

4.4.2 Horizontale Dimension – Integration durch die Dimensionen normatives, strategisches und operatives Management

Neben der normativen Management-Dimension, dem zentralen Thema dieses Buches, zählt Bleicher für seinen Bezugsrahmen noch eine strategische und eine operative Dimension auf. Zur besseren Differenzierung seien diese drei Dimensionen kurz beschrieben: Die Dimension des *normativen Managements* beschäftigt sich *prägend* mit den Regeln, Prinzipien, Werten und Normen der Unternehmung und entwickelt Ziele, die das Überleben und die Entwicklung einer Organisation ermöglichen. In Abgrenzung dazu greift die Dimension des *strategischen Managements* auf die Ressourcen der Organisation *gestaltend* zurück, um die Erfolgspotenziale voll auszuschöpfen. Die Dimension des *operativen Managements* vollzieht *lenkend* die ökonomischen Prozesse mit Blick auf wirtschaftliche *Effizienz* und personelle *Effektivität* (vgl. Bleicher 2012: 89 ff.).

4.4.3 Vertikale Aspekte – Integration der Managementaspekte Struktur, Aktivität und Verhalten

Die horizontalen Dimensionen (normative, strategische, operative Dimension) werden durch die vertikalen Aspekte gekreuzt und erzeugen dadurch charakteristische und abgrenzbare Felder. In der normativen Dimension bezeichnet Bleicher (2008: 89) diese Felder auch als *normative Gestaltungsräume*. Durch den Aspekt der *Struktur* entsteht in der normativen Management-Dimension das Feld der *Unternehmungsverfassung,* in der strategischen bilden sich die *Organisationsstrukturen,* und in der operativen laufen die jeweiligen *organisatorischen Prozesse* ab. Der Aspekt *Aktivität* bildet in der normativen Management-Dimension das Feld der *Unternehmenspolitik,* in der strategischen die unterschiedlichen *Programme,* die sich in der operativen Dimension zu *Aufträgen* verdichten. Beim dritten und letzten Aspekt *Verhalten* entsteht durch die Kreuzung der normativen Management-Dimension das Modul der *Unternehmenskultur,* in der strategischen das *Problemverhalten* und in der operativen das *Leitungs- und Koordinationsverhalten*. Diese drei Aspekte sollen nun auf der Grundlage der normativen Management-Dimension näher beleuchtet werden.

4.4.4 Zeitliche Dimension – Integration durch Unternehmensentwicklung

> „Die *Intelligenz* eines Systems *und* das aus ihr erwachsende unternehmungspolitische Handeln bestimmt schließlich die faktische *Unternehmungsentwicklung* im Erreichen eines sich ständig verändernden Fließgleichgewichts zwischen Um- und Inwelt [.]“ (Bleicher 2011: 97; Hervorh. im Original)

Ein Fließgleichgewicht kann nur dann erreicht werden, wenn der zeitliche Versatz zwischen Umweltveränderung und Inweltreaktion (oder umgekehrt) möglichst gering ist.

5 Zwischenfazit

Warum wurden zur Beantwortung der Fragestellung dieser Arbeit drei Modelle vorgestellt? Wäre es nicht sinnvoll, sofort den praktischen Bezug herzustellen und sich über Fallbeispiele der Problematik zu nähern? Die hier praktizierte theoretische Herangehensweise sei im Folgenden begründet:

> „Die Theorie, die wir haben, passt nicht für die Zeit des Übergangs von der Industriegesellschaft in die Informationsgesellschaft." (Konrad Seitz zit. n. Bleicher 1994: 29)

Theorien formen Modelle: Die Theorie der sozialen Systeme liegt den drei vorgestellten Modellen zugrunde. Daher ist der Denkansatz immer der gleiche. Dies reduziert Komplexität. Es hätten auch Modelle mit unterschiedlichen Denkansätzen gewählt werden können. Diese Modelle würden sicherlich auch ihre Aufgaben erfüllen, aber aufgrund der fehlenden Schnittstellen zur Erhöhung der Komplexität beitragen. Darüber hinaus kommt das systemische Denken dem künstlerischen sehr entgegen. Man könnte die Systemtheorie mit der Musiktheorie und die Modelle mit Kompositionsformen – in denen es viel Raum für Kreativität gibt – assoziieren. Jedem Musiker ist klar, dass ohne theoretisches Fundament keine vierstimmige Fuge komponiert werden kann. Daher benötigt man auch im Management theoretisch unterfütterte Modelle.

Modelle helfen zu verstehen: In Kapitel 2 wurde festgestellt, dass das Umfeld einer Musikschule immer komplexer ist als das System „Musikschule" selbst. Nun steht der Forderung nach *operativer Geschlossenheit*[9] die Notwendigkeit gegenüber, ständig mit der Umwelt zu kommunizieren, um das *Komplexitätsgefälle* auszugleichen. Die Umwelt und damit auch der soziale Wandel sind dadurch Auslöser für *strukturdeterminierte Veränderungen* des Systems

9 Manchmal wird die Offen- oder Geschlossenheit eines Systems im Hinblick auf die allgemeine Kommunikationsbereitschaft mit dem Begriff der *operativen Geschlossenheit* (Geschlossenheit, die für die Selbst- und Innensteuerung eines Systems notwendig ist) verwechselt.

Musikschule (vgl. Simon 2015: 53). Modell 1 hilft einem Musikschulleiter, die spezifische Problematik der System-Umwelt-Beziehung seiner Musikschule zu verstehen, und macht unmissverständlich deutlich, dass ein System, das sich nicht durch systemimmanente Strukturveränderungen um den Abbau des Komplexitätsgefälles bemüht, dauerhaft nicht überleben kann. Die Strukturveränderungen kommen allerdings nur zustande, wenn die eingehenden Informationen für die Musikschule auch verwertbar sind. Das Modell 2, die Makro-Umwelt-Analyse, formt das komplexe Geschehen des sozialen Wandels in für das System „Musikschule“ operationalisierbare Informationen. Wenn dem Leiter einer Musikschule jedoch keine geeigneten Managementinstrumente vorliegen, um den Anpassungsprozess zu initiieren, sind die Informationen wertlos. Damit dies nicht geschieht, wurde Modell 3 vorgestellt. Über dieses Modell kann die Musikschule die gesammelten Erkenntnisse aus der Analyse des Wandels in ihr System integrieren.

Verstehen ändert Verhalten: Ein Musikschulleiter, der über die Systemtheorie und die vorliegenden Modelle komplexe Zusammenhänge der Umwelt-Musikschul-Beziehung verstanden hat, kann dies seinen Mitarbeitern plausibel darlegen und damit Entscheidungen und sich daraus ergebende Vorgehensweisen begründen. Auf diesem Weg entsteht *Sinn*. Sinn erzeugt Motivation, und Motivation ist Quelle des Wandels.

Teil 2

6 Analyse – Musikschulen im Spiegel des sozialen Wandels

Die vorliegende Makro-Umwelt-Analyse beschäftigt sich mit dem für Musikschulen relevanten Wandlungsgeschehen. Wie der Name schon sagt, steht die Makro-Ebene im Mittelpunkt der Analyse. Die normativen Aspekte des sozialen Wandels manifestieren sich auf dieser Ebene. Abbildung 8 zeigt das Modell 2 zur Makro-Umwelt-Analyse als Schichtenmodell mit Ebenen, Dimensionen und Sphären.

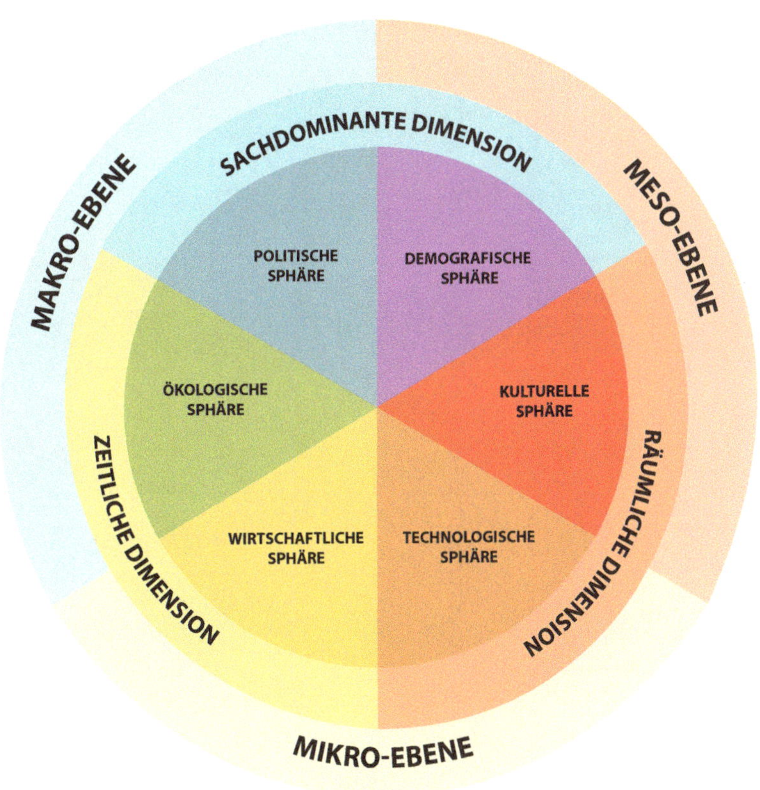

Abb. 8: Schichtenmodell zur Makro-Umwelt-Analyse

Es wird vor dem Hintergrund der drei Ebenen und der drei Dimensionen[10] immer eine Sphäre in den Kontext des Systems „Musikschule" gestellt. Jeweils eine Sphäre und die Makro-Ebene stehen im Fokus und in latenter Wechselbeziehung zu den jeweils zehn verbleibenden Feldern. Dabei werden die relevanten Wandlungsphänomene *beschrieben* und, sofern erforderlich, Hypothesen gebildet oder Ursache-Wirkungs-Beziehungen konstruiert, um die Generierung bzw. Nichtveränderung eines Wandlungs- oder damit zusammenhängenden Phänomens zu *erklären* (vgl. Simon 2015: 74f.). Im Kapitel 7 „Synthese" werden die gewonnenen Erkenntnisse zusammengefasst und *bewertet*.

10 Die Dimensionen finden im Fließtext kaum Erwähnung, sind aber wichtige Analysekriterien, die im Hintergrund sozusagen mitlaufen.

6.1 Wandel in der politischen Sphäre[11]

Der politische Wandel vollzieht sich in vielen Bereichen, wobei für Musikschulen insbesondere die finanz- und kulturpolitischen Aspekte dieses Wandels von Bedeutung sind und daher in der folgenden Analyse im Fokus stehen.

6.1.1 Paradigmenwechsel – Rückzug aus dem Sozialstaat

> „Deutschland will trotz wachsender politischer Spannungen weltweit und konjunktureller Rückschläge in Europa die Sanierung der Staatsfinanzen vorantreiben. Das bekräftigte Bundesfinanzminister Wolfgang Schäuble (CDU) am Dienstag in Berlin zum Auftakt der Haushaltsberatungen des Bundestages." (Deutsche Presse-Agentur 2014)

Das Streben nach einem ausgeglichenen Haushalt und den damit verbundenen Sparmaßnahmen heißt im Umkehrschluss, dass weniger Mittel in strukturfördernde Investitionen fließen. Dies betrifft auch die Kulturförderung. Das nachfolgende Zitat, das die Rede Schäubles zusammenfasst, macht klar, dass sich ein grundlegender politischer Paradigmenwechsel abzeichnet, der sich weg von sozialer Marktwirtschaft und hin zu einer Politik kapitalistisch geprägter, sich selbst steuernder Märkte bewegt. Der Autor fasst Schäubles Rede weiter zusammen:

> „Deshalb müsse über neue Formen der Aufgabenteilung zwischen Staat und Privaten nachgedacht werden." (Deutsche Presse-Agentur 2014)

Dieser Paradigmenwechsel betrifft letztlich auch die Musikschulen. Das folgende Kapitel untersucht daher eine mögliche Verknüpfung von Spar- und Förderpolitik.

6.1.2 Musikschulförderung und die deutsche Sparpolitik

Die Wirtschaftskrise und die damit verbundenen Sparmaßnahmen, die die Bundesrepublik Deutschland schon aufgrund der EU-Auflagen zur Neuverschuldung treffen musste, tangiert auch die Musikschulen. Dieser politische

11 Unter der politischen Sphäre ist auch die rechtliche subsumiert.

Kurswandel wurde mit der Vereinigung der beiden deutschen Staaten 1989 eingeläutet und traf damals die Musikschulen unverhofft.

> „Die Solidarität mit den neuen Bundesländern erforderte zusätzlich zum Landesfinanzausgleich gesonderte finanzielle Kraftanstrengungen. Erhebliche Geldmittel mussten bereit gestellt werden, die mit Hilfe beträchtlicher Mittel in allen Bereichen der Länder- und Gemeindehaushalte herbeigeführt wurden." (Eberhardt 2007: 78)

Die Musikschulen hatten kurz vor der Wiedervereinigung auf Empfehlung des Verbandes der kommunalen Arbeitgeber den Anteil ihrer fest angestellten Lehrkräfte erhöht. Nach der Wende wurde dann im Zuge der Einsparungsmaßnahmen empfohlen, der Einstellung freier Mitarbeiter absolute Priorität einzuräumen. Diese Empfehlung gilt bis heute und hat dazu geführt, dass die Berliner Musikschulen einen so hohen Anteil an freien Mitarbeitern haben, dass sie im Grunde den Statuten des VdM nicht mehr entsprechen. Davon abgesehen haben viele kommunale Träger die Rechtsform ihrer Musikschulen geändert. Im Rahmen dieser Privatisierung war der gemeinnützige Verein eine sehr beliebte Variante (vgl. Eberhardt 2007: 79 f.). Um Fördergelder einzusparen, wurden viele Musikschuletats im Zuge der Umwandlung budgetiert.

6.1.3 Leere Kassen der Kommunen

Ruft man sich das Zitat von Bundesfinanzminister Schäuble ins Gedächtnis (vgl. Abschnitt 6.1.1), kann man davon ausgehen, dass der Bund in absehbarer Zeit von seiner Konsolidierungspolitik nicht abweichen wird. Daher sind keine finanziellen Entlastungen seitens des Bundes für die Kommunen zu erwarten. In der Regel sind es aber die Kommunen, die für die Fördergelder der öffentlichen Musikschulen aufkommen. Im Saarland zahlen zum Beispiel die jeweiligen Städte und Landkreise jährlich insgesamt 2 452 868 € (Verband deutscher Musikschulen 2015a: 217) an die örtlichen Musikschulen, damit diese 7 750 Schüler (Verband deutscher Musikschulen 2015a: 207) unterrichten können. Ob diese Förderungshöhe trotz leerer Kassen dauerhaft gehalten werden kann, hängt nicht zuletzt von der Bedeutung ab, die Kommunalpolitiker der meritorischen Dienstleistung Musikunterricht beimessen.

6.1.4 Bedeutungsverlust auf kulturpolitischer Ebene

> „Die Wirtschaftskrise seit 2008 unterstützte den Kultursektor einzig in der Täuschung, beim Bedeutungsverlust des Kulturellen handle es sich um ein Geldproblem." (Haselbach et al. 2012: 130)

Wenn die Politik der Kultur wenig Bedeutung zumisst, wird Kultur im politischen Tagesgeschehen weniger Aufmerksamkeit geschenkt und nimmt folglich dort auch weniger Raum ein. Haselbach et al. (2012: 58) schreiben dazu:

> „Kultur wird auf Länderebene zum Verschiebebahnhof."

Nach dieser lakonischen Feststellung führen Haselbach et al. einige Beispiele dafür auf, dass der Bedeutungsverlust auch mit politischem Machtverlust einhergeht, unter anderem, weil Ministerien zusammengelegt werden und aufgrund fehlender Fürsprecher auf Entscheidungsträger-Ebene in den Behörden eine – extern angeregte und regierungsintern von Fachleuten geführte – kritische Auseinandersetzung mit wichtigen kulturpolitischen Themen nicht mehr möglich ist.

6.1.5 Kulturelle Vielfalt – Die UNESCO als Quelle politischen Wandels

Am 20. Oktober 2005 wurde die Konvention über den Schutz und die Förderung der Vielfalt kultureller Ausdrucksformen von der 33. Generalkonferenz der UNESCO verabschiedet. Deutschland hat diese Konvention am 12. März 2007 ratifiziert (vgl. Deutsche UNESCO-Kommission 2015). Sie befasst sich mit den Themen von kulturellem Erbe, kultureller Identität und kultureller Teilhabe und beschreibt deren Stellenwert für die Weltgesellschaft. Aufgrund der Ratifizierung stellt diese Konvention eine klare normative Vorgabe für die deutsche Kulturpolitik dar.

Zur Frage der Umsetzung dieser Konvention veröffentlichte die UNESCO im Dezember 2009 das Weißbuch *Kulturelle Vielfalt gestalten* (Deutsche UNESCO-Kommission 2009). Zu diesem Buch und dem Stand der Umsetzung der Konvention nahm der Deutsche Musikrat (DMR) im März 2014 in seinem Grünbuch kritisch Stellung:

> „Obwohl bereits über 120 Staaten diese seit 2005 geltende Konvention ratifiziert haben – darunter die Bundesrepublik Deutschland und die Europäische Union als Staatengemeinschaft – wird diese Konvention immer stärker durch die ökonomischen Liberalisierungsbestrebungen der Europäischen Union in ihrer Wirksamkeit beeinträchtigt. Das geplante Freihandelsabkommen zwischen der EU und den USA ist nur ein Beleg dafür." (Deutscher Musikrat 2014: 3)

Der VdM hat sich unter anderem in seiner Potsdamer Erklärung vom Mai 2014 zum Thema kulturelle Vielfalt geäußert und schreibt dort einleitend zu diesem Thema:

> „Kulturelle Vielfalt [...] ist ein Werte vermittelndes Thema der Arbeit des Verbandes deutscher Musikschulen sowie der einzelnen Musikschulen und ihrer Träger. Die Wertschätzung von Vielfalt im Inklusionsprozess an Musikschulen ist geprägt durch einen hohen fachlichen und pädagogischen Anspruch. Sie drückt sich in der Auseinandersetzung mit den verschiedenen Kulturen und den individuellen und gemeinschaftlichen Zielen ihrer Nutzer aus." (Verband deutscher Musikschulen 2014: 4)

Im Leitbild des VdM wird zum Thema kulturelle Vielfalt ebenfalls Stellung genommen:

> „Wir bekennen uns zur Inklusion als Anspruch und Aufgabe. Wir ermöglichen jedem Menschen, an der Musik teilzuhaben – durch diskriminierungsfreie, auch aufsuchende Angebote, durch weitgehende Selbstbestimmung jedes Einzelnen sowie eine äußere und innere Barrierefreiheit. Vielfalt und Heterogenität erkennen und nutzen wir als Chance und stellen dabei den einzelnen Menschen in den Mittelpunkt." (Verband deutscher Musikschulen 2015c: 2)

Nun stellt sich die Frage, inwieweit die ausgerufene Inklusionspolitik im musikpädagogischen Alltag der VdM-Musikschulen umgesetzt wird. Um dies zu eruieren, wurde aufgrund fehlender statistischer Daten eine Internet-Recherche mit folgender Fragestellung durchgeführt: Welche öffentliche Musikschule bietet im Umkreis von 100 Kilometern (siehe „Sonstige Quellen", Seite 125) Unterricht für Zupfinstrumente an, die nicht aus dem deutschsprachigen Kulturraum stammen? Es wurden 46 Schulen untersucht. Vier Schulen bieten Ukulelen-, eine Bouzouki- und eine Baglamaunterricht an. Bei fünf Musikschulen war die Frage nicht klar zu beantworten (vgl.

Schäfer-Lösch 2015a: 1). Das Ergebnis ist ein Hinweis auf eine Diskrepanz, die zwischen dem kommunizierten Leitbild und der realen Situation in den Musikschulen bestehen könnte. Um es systemisch auszudrücken: Die Veränderung der Umwelt wurde auf der Makro-Ebene zwar wahrgenommen, führte aber auf der Meso-Ebene noch zu keiner strukturellen Anpassung. Dies kann viele Gründe haben. Einer wäre ein durch Trägheit verursachter Zeitversatz zwischen den beiden Ebenen; ein anderer könnte in einem latenten Widerstand der Meso-Ebene gegen die von der Makro-Ebene proklamierten Änderungen bestehen; es könnte aber auch an fehlendem Werkzeug zum konstruktiven Umgang mit den sich aus der kulturellen Vielfalt ergebenden Herausforderungen liegen.

6.2 Wandel in der demografischen Sphäre

Bevor der demografische Wandel in Deutschland besprochen wird, sollen einleitend die wichtigsten Begriffe kurz erläutert werden. Im Rahmen einer Analyse des demografischen Wandels wird die Bevölkerungsentwicklung in drei Teilbereichen untersucht: *Fertilität, Mortalität* und *Migration.* Unter dem Rubrum der *Fertilität* (Fruchtbarkeit) wird die Geburtenziffer erfasst, die für die Anzahl aller Lebendgeburten steht. Die *Mortalität* (Sterblichkeit) misst die Anzahl der Todesfälle im Verhältnis zur Gesamtbevölkerung und drückt sich in der Sterberate aus. *Migration* (Wanderung) beschreibt die den Wohnsitz betreffende räumliche Veränderung von Menschen. Die sich aus dem demografischen Wandel ergebenden Trends lassen sich in einem Satz zusammenfassen: Die Bevölkerung in Deutschland wird *weniger, grauer* und *bunter* (vgl. Gans 2011: 89–99).

6.2.1 Musikschulschüler werden weniger und grauer

In der Zukunft werden weniger Kinder und Jugendliche die Musikschulen besuchen. Dies führt zu einem allgemeinen Rückgang der Schülerzahl, sofern diesem Trend nicht durch entsprechende Maßnahmen entgegengewirkt wird. Beachten sollte man, dass regionale Disparitäten demografische Trends beeinflussen. Die ökonomische Entwicklung einer Region ist auch ausschlaggebend für ihre Altersstruktur. Jüngere Menschen sind mobiler als ältere und Rentner müssen keinen beruflichen Wohnortwechsel erwägen; sie werden somit wahrscheinlich der Region treu bleiben. Sofern der prognostizierte Geburtenrückgang eintritt, wird dies mittelfristig dazu führen, dass es in unserer Bevölkerung im Vergleich zu heute weniger Kinder und Jugendliche geben wird. Dies hätte zur Folge, dass die Kernklientel der Musikschulen innerhalb eines Jahrzehnts spürbar und für Musikschulen in strukturschwachen Gebieten existenzbedrohlich schrumpfen würde.

6.2.2 Urbanisierung – ein Fachkräftemangel zeichnet sich ab

Wie schon erwähnt, ist anzunehmen, dass es junge Menschen in urbane Zentren zieht. Dies trifft wahrscheinlich insbesondere auf gut ausgebildete Fachkräfte zu, sodass es auch zu sozialen Disparitäten kommen könnte. Daher könnte man folgende Prognose aufstellen: Wirtschaftlich starke Ballungszentren sind vom demografischen Wandel weniger stark betroffen als strukturschwache ländliche Regionen (vgl. Gans 2011: 99–116). Die Folgen für Musikschulen aus strukturschwachen Regionen wären ein genereller Schwund von Lehrkräften sowie eine eventuelle Überalterung des Lehrerteams aufgrund der Abwanderung von vorwiegend jungen Musikpädagogen in urbane Regionen. Dies brächte nicht nur personelle Engpässe, sondern wahrscheinlich auch das Problem mit sich, dass der jetzige Qualitätsstandard auf Dauer nicht gehalten werden kann. Eberhardt (2007: 80) spricht hier von einer *internen Konkurrenz* zwischen den VdM-Musikschulen, die zu Fachkräftemangel in strukturschwachen Gebieten führt, und weist darauf hin, dass trotz eines für Musikschulen verbindlichen Mindestangebots schon jetzt zum Teil erhebliche Unterschiede zwischen Bildungsanstalten vorliegen.

6.2.3 In den Städten wird es bunter

Bunter wird die Bevölkerung, weil der Anteil von Menschen mit Migrationshintergrund zunimmt. Hier bestehen bereits jetzt insofern regionale Disparitäten, als in den Städten der Anteil der Migranten höher ist als in ländlichen Regionen (Gans 2011: 124 f.) – vermutlich aufgrund der besseren Aussichten, einen Arbeitsplatz zu finden, eventuell aber auch, um sich in der Gemeinschaft Gleichgesinnter freier entfalten zu können. Musikschulen kommt hier die verantwortungsvolle Aufgabe zu, auf die kulturelle Vielfalt mit adäquaten Unterrichtsangeboten zu reagieren, was bei zunehmender Bildung von Subkulturen eine große Herausforderung darstellt.

6.3 Wandel in der kulturellen Sphäre

Globalisierung und Migration lassen die Kulturen der Erde näher zusammenrücken. Kultureller Austausch zwischen verschiedenen Regionen, Ländern und Kontinenten hat Tradition und war beispielsweise in der Musik oft treibende und gestaltende Kraft zur Weiterentwicklung von Musikinstrumenten und -systemen. Solche Veränderungen vollzogen sich in der Vergangenheit in der Regel örtlich begrenzt und über längere Zeiträume hinweg. Heute sind musikalische Neuigkeiten (nicht nur) in urbanen Gebieten rund um den Globus im Minutentakt verfügbar. Die globale Verfügbarkeit von Wissen und das hohe Tempo der Kommunikation bringen über die digitalen Medien auch kulturelle Transparenz und die damit verbundene Vielfalt in jeden deutschen Haushalt. Die kulturelle Vielfalt als Kind der Migrationsgesellschaft bringt dynamischen Wandel, aber auch viele Fragen mit sich. Es sind dies Fragen, die sich mit Themen wie eurozentristischem Denken, Hochkultur, Leitkultur, Traditionspflege, Werteerhalt, Diversität, Interkulturalität, Transkulturalität, Inklusion etc. beschäftigen. Eine Schlüsselrolle in diesem Diskurs spielt die Frage nach kultureller Identität.

6.3.1 Kulturelle Identität, Migration und Bildungsbarrieren

Die Enquete-Kommission „Kultur in Deutschland“ war sich in ihrem Schlussbericht darüber einig, dass Kultur für die Frage des Zusammenlebens von Menschen unterschiedlicher Herkunft eine große Rolle spielt, und spricht Kunst und Kultur eine identitätsstiftende Wirkung zu:

> „Im Zeitalter der Globalisierung und Internationalisierung bedarf es der identitätsstiftenden Wirkung von Kunst und Kultur.“ (Deutscher Bundestag 2007: 45)

Kultur kann jedoch nur bei denen zur Identitätsfindung beitragen, die daran teilhaben können. Für viele Neubürger in Deutschland scheint diese Teilhabe noch durch Barrieren versperrt:

> „Dennoch legen die Ergebnisse nahe, dass es für öffentliche Kultureinrichtungen offenbar punktuell schwierig ist, Bevölkerungsgruppen mit Migrationshintergrund zu erreichen.“ (Keuchel 2012: 19)

In Fachkreisen erhärtet sich der Verdacht, dass die Nutzung öffentlicher Kultureinrichtungen primär vom Bildungsstand und den damit verbundenen Milieus abhängt (vgl. Mandel 2013: 230). Insofern wäre Bildung der eigentliche Schlüssel zur Teilhabe an Kulturangeboten und stellte zugleich die eben erwähnte Barriere dar. Die Frage, was Musikschulen in einer Migrationsgesellschaft konkret zur Überwindung dieser Bildungsbarriere und darüber hinaus zur kulturellen Identitätsfindung tun können, muss sich jede Schule vor Ort stellen und auch beantworten.

6.3.2 Wandel im Bildungssystem

Die Kulturhoheit obliegt in Deutschland laut Verfassung den Bundesländern. Aus systemischer Sicht stehen somit sechzehn verschiedene Bildungssysteme vor der Aufgabe, sich jeweils untereinander synchronisieren und darüber hinaus an das nationale und internationale Wandlungsgeschehen anpassen zu müssen. Dies erzeugt einen hohen Grad an Komplexität. Diese systembedingte Komplexität könnte unter anderem ein Grund dafür sein, dass im deutschen Bildungssystem, trotz der durch internationale Studien aufgedeckten Schwächen, keine rechte Aufbruchstimmung für Reformen aufkommen will. Das föderal angelegte Bildungssystem in Deutschland scheint – zumindest bietet sich dieser Gedanke als mögliche Erklärung an – von der gegenwärtigen Dynamik des sozialen Wandels überfordert zu sein. Will man in der musikalischen Bildung dem sozialen Wandel gerecht werden, kommt zur oben beschriebenen Problematik folgende hinzu: Eine umfassende musikalische Ausbildung wird in Deutschland von allgemeinbildenden Schulen nicht geleistet. Auf institutioneller Ebene kommt diese Aufgabe den Musikschulen zu. Daher soll, den Blick auf die berufliche Ausbildungssituation von Musiklehrern weitend, im Folgenden das Wandlungsgeschehen im Dreischritt von Musikhochschule, allgemeinbildender Schule und Musikschule beleuchtet werden.

6.3.2.1 Musikhochschule – Tradition und Wandel

Der kulturelle Wandel brachte die deutschen Musikhochschulen spätestens seit den 70er Jahren in ein Spannungsfeld zwischen *Hochkultur* und *Popmusik*, das bis heute bildungspolitische Fragen aufwirft, deren Beantwortung unter anderem auch in den Verantwortungsbereich der Musikhochschulen fällt. Die grundsätzliche Frage lautet: Wie können wir die Tradition in der

Ausbildung wahren und dennoch mit innovativen Studienangeboten dem kulturellen Wandel gerecht werden? Ein Blick in die Vergangenheit zeigt am Beispiel der Popularmusik, dass sich die deutschen Musikhochschulen mit der Anpassung an geänderte Rahmenbedingungen schwertun. Die Jazzmusik, obwohl schon in den frühen 30er Jahren in Deutschland präsent, wurde erst sehr spät von den Musikhochschulen wahr- und in der Folge ernst genug genommen, um ihr den Einzug in die akademische Welt zu gewähren (vgl. Knauer 2015: 1). Mittlerweile kann man flächendeckend in Deutschland Jazz studieren. Blues, die Mutter des Jazz, ist bis heute an keiner deutschen Hochschule explizit als Studiengang ausgeschrieben, obwohl Deutschland eine vitale Bluesszene und kompetente Musiker vorweisen kann. Ähnliches gilt für die Integration ethnischer Instrumente, wobei die Popakademie Mannheim ab dem Wintersemester 2015 erstmals Weltmusik als Bachelorstudium anbietet und damit diesbezüglich eine Vorreiterrolle einnimmt.

Es sind jedoch auch schon bestehende Studiengänge vom Wandlungsgeschehen betroffen. Das Anforderungsprofil der Musikschulen an die Hochschulabsolventen hat sich geändert. Absolventen finden in den Musikschulen vermehrt Unterrichtsbedingungen vor, auf die sie in ihrem Studium nicht ausreichend vorbereitet wurden.

> „Es kommt so zu einem doppelten Paradigmen-Wechsel: Im Übergang von der Musikschule zur Musikhochschule erfährt der junge Musiker seine ‚Welt Musik' als neue, viel breiter vernetzte Disziplin. Umgekehrt kommt beim Wechsel von der Hochschule in den Beruf der – in vielen Branchen bekannte – Praxisschock zum Tragen, wo sich die Absolventen mit Alltagsfragen konfrontiert sehen, für die sie in ihren Ausbildungsgängen nicht ausreichend ausgebildet wurden." (Herrmann 2007: 197)

Ein Beispiel: In den Musikschulen müssen die Lehrkräfte vermehrt Gruppen- und im Rahmen von Schulkooperationen Klassenunterricht erteilen. Herrmann (2007: 201) schreibt dazu:

> „So werden künftig die Methodik des Gruppen- und Klassenunterrichts zum unverzichtbaren Bestandteil der pädagogischen Ausbildung gehören müssen, auch in Verbindung mit Formen des Aufbaus und der Leitung von Ensembles."

In Musikhochschulen steht jedoch nach wie vor Einzelunterricht im Zentrum der Lehre.

Ein weiteres Beispiel: Das Anforderungsprofil von Musikschulleitern hat sich in den letzten zehn Jahren rasant verändert. Auf Musikschulleiter kommen vermehrt Managementaufgaben zu, die es in der Vergangenheit in dieser Form nicht gab und für die sie gegenwärtig nicht hinreichend ausgebildet sind. Der VdM versucht zwar seit Jahren, das bestehende Defizit durch verbandsinterne Weiterbildungen abzufedern, aber dieses Bemühen kommt inhaltlich keiner Hochschulausbildung gleich.

Eberhardt (2007: 94 f.) befragte in diesem Zusammenhang im Frühjahr 2003 insgesamt 23 Musikhochschulen in Deutschland nach Studienangeboten, die zur Leitung einer Musikschule befähigen und kam zur Feststellung:

> „Das Ergebnis gibt zu denken: Trotz intensiver Recherche ergab sich bei keiner einzigen der aufgeführten Musikhochschulen ein Hinweis, dass dieses spezifische Thema in irgendeiner Form aufgegriffen wurde.“[12]

Zwar konnte sich zwischenzeitlich der Fachbereich Kulturmanagement an vielen Hochschulen in Deutschland etablieren, aber Musikschulmanagement lässt sich bis heute an keiner Hochschule in Deutschland studieren.

Zum Schluss sei noch auf ein allgemeines Kommunikationsdefizit zwischen Musikhochschulen und Musikschulen hingewiesen: Aufgrund fehlender Vernetzungen können Musikschulen ihre jeweiligen Bedarfslagen nicht auf die Musikhochschulen rückkoppeln, was jedoch im Hinblick auf das komplexe Wandlungsgeschehen dringend erforderlich wäre. Ein Beispiel dazu aus einem Tandem-Unterricht-Projekt:

> „Die Musikschulen verfügen zu Beginn des Projektes bei weitem nicht über die nötigen Kapazitäten, um das Projekt personell komplett auszustatten. Allein die Besetzung der Tandems in den ersten Schuljahren erfordert ab dem Jahr 2010 einen Umfang von 60 bis 80 vollen Stellen für Musikschullehrer, die eine Qualifikation in elementarer Musikpädagogik haben müssen. […] Das bedeutet, dass die Musikhochschulen immense

12 Zur Aktualisierung dieser Feststellung wurde 2015 eine Internetrecherche mit gleicher Fragestellung durchgeführt. Zehn Jahre nach der Untersuchung Eberhardts bietet weiterhin keine Musikhochschule einen spezifischen Studiengang für Musikschulmanagement an (vgl. Schäfer-Lösch 2015b: 1).

> Anstrengungen unternehmen müssen, um dieser Nachfrage in so kurzer Zeit zu entsprechen.“ (Grunenberg 2007: 123)

Die angeführten Beispiele deuten auf eine Anpassungsträgheit der Hochschulen hin, womit eine notwendige organisationale Entwicklung in den Musikschulen ausgebremst wird. Die Herausforderung liegt hier insbesondere in einer besseren Vernetzung zwischen Musikhochschulen einerseits und Musikschulen, VdM-Landesverbänden und VdM-Bundesverband andererseits. Nur so ist es möglich, wandelbedingte Änderungen der beruflichen Anforderungsprofile zu antizipieren und Studieninhalte frühzeitig zu korrigieren oder neue Studiengänge zu schaffen.

6.3.2.2 Allgemeinbildende Schulen – Musik und Bedeutung

An allgemeinbildenden Schulen kann man feststellen, dass den Naturwissenschaften eine exponierte Stellung eingeräumt wird, während beispielsweise das Fach Musik an Bedeutung verliert. Hierzu zwei Zitate:[13]

> „Eine chronische Unterversorgung mit Musiklehrern und Musiklehrerinnen bedeutet nach Zahlen verschiedener vds-Landesverbände besonders für die Grundschulen, dass lediglich 20–30 % des Musikunterrichts von fachspezifisch ausgebildeten Kräften und 70–80 % überhaupt nicht oder fachfremd unterrichtet werden.“ (Imort 2007: 100)

> „Bundesweit entfallen ca. 30 % des Musikunterrichts an Gymnasien und ca. 60 % des Musikunterrichts an Realschulen. Geschätzte 80 % des Musikunterrichts an Grund- und Hauptschulen werden von nicht genügend ausgebildeten Lehrkräften oder gar nicht erteilt.“ (Krüger/Höppner 2007: 32)

Dies ist vor dem Hintergrund des Wandlungsgeschehens aus zwei Gründen nachvollziehbar: *Erstens* fördert der rasante technologische Fortschritt den Fokus auf einen diesbezüglichen Wissenstransfer und *zweitens* besetzt mittlerweile die erste Generation der Politiker Ministerposten, die im naturwissenschaftlich geprägten Schulsystem ausgebildet wurden und nun für die

13 Aktuelle Zahlen liegen nicht vor. Da die weiteren Überlegungen auf den vorliegenden Zahlen aufbauen, sind die daraus resultierenden Rückschlüsse nur unter Vorbehalt der Gültigkeit dieser Zahlen zu betrachten.

Bildungspolitik inhaltlich verantwortlich sind. Diese die Naturwissenschaften betonende Schulpolitik in Wechselwirkung und Verbindung mit dem Trend zur Digitalisierung und Individualisierung kann man als weiteren Faktor in der drohenden kulturell-emotionalen Verarmung unserer Gesellschaft betrachten, weil dadurch dem Zweckrationalen[14] dauerhaft der Vortritt gelassen wird.

6.3.2.3 Musikschulen – Kooperationen und Identitätsverlust

Der in Kapitel 6.1.4 beschriebene Bedeutungs- und Machtverlust im Kultursektor betrifft das gesamte Bildungssystem und damit auch die Musikschulen. Die Bildungspolitik hat direkt und indirekt Auswirkungen auf die Handlungsfelder der Musikschulen. Direkt betroffen sind die Musikschulen durch die veränderte bildungspolitische Landschaft und die daraus resultierenden Kooperationen, die in den letzten Jahren im verstärkten Maße mit den allgemeinbildenden Schulen umgesetzt wurden und nun auf vielen Ebenen zur Stabilisierung der Musikschulen und zur Verbesserung der Situation im schulischen Musikunterricht beitragen.

> „Ebenso sind die Landesverbände der Musikschulen in eine Fülle von Kooperationsinitiativen zum Musikunterricht an allgemein bildenden Schulen involviert, wobei die aktuelle NRW-Kampagne ‚Jedem Kind ein Instrument' nur einen momentanen Höhepunkt markiert. [...] Vernetzungen mit Schulen genießen also einen hohen Stellenwert, auch wenn es um Fragen nach Zukunftsfähigkeit von Musikschulen geht." (Imort 2007: 101 f.)

Allerdings wird diese Entwicklung nicht von allen Beteiligten positiv bewertet.

> „Im Gespräch zwischen Musikschulleitern in NRW vergeht selten viel Zeit, bis über die Zukunft der Musikschulen nachgedacht wird, und zwar mit Sorgenfalten auf der Stirn. Dabei geht es zunehmend nicht nur um die bekannten ständigen Finanznöte, sondern immer häufiger auch um die Angst vor Identitätsverlust durch eine immer stärkere Vernetzung der

14 Weber (1984: 45) definiert Zweckrationalität als die Orientierung von Handeln nach Zweck, Mittel und Nebenfolgen.

Musikschulen mit anderen Bildungseinrichtungen, vor allem mit Schulen und Kindergärten." (Schmidt/Gerland 2007: 138 f.)

Schmidt und Gerland blicken mit Sorge auf die umfangreiche Vernetzung der Musikschulen und befürchten, dass die Musikschulen in diesen engen Kooperationen kein eigenes Profil mehr entwickeln können bzw. es zu einem Profilverlust kommt (vgl. Schmidt/Gerland 2007: 139). Bei den Lehrern der Musikschule, die aufgrund von Schul-Kooperationen das Musikschulgebäude nur noch zu Mitarbeiterbesprechungen betreten, kommt kaum Teamgeist auf, und eine von gemeinsamen Wertvorstellungen geprägte Musikschulkultur ist nur schwerlich zu etablieren. Jedoch wäre gerade eine von allen Mitarbeitern getragene und gelebte Musikschulkultur nötig, um der Musikschule in Rahmen der Kooperationen mit allgemeinbildenden Schulen Profil zu verleihen. Aus systemischer Sicht könnte man sagen, dass Schmidt und Gerland Angst um die Grenzen der Organisation zur Umwelt haben – denn die Differenz zur Umwelt macht schließlich die Identität aus.

Grunenberg (2007: 125) sieht zwar wie Schmidt und Gerland in dem verstärkten Engagement in allgemeinbildenden Schulen auch die Gefahr eines Profilverlustes, zeigt aber gleichzeitig auf, dass bei entsprechend scharfer Konturierung der Unterrichtsangebote und einer Neujustierung der Förderung, insbesondere bei leistungsbereiten und besonders begabten Schülern, dieser Profilverlust durch Präsenzgewinn ausgeglichen werden kann – wobei anzumerken ist, dass hier die Gefahr einer ausgrenzenden Dichotomie (begabt/nicht begabt) besteht.

Indirekt sind die Musikschulen auch durch die Einführung von Ganztagsschulen und/oder G8 sowie der damit verbundenen Besetzung ihrer Kernunterrichtszeiten von der Bildungspolitik betroffen.

6.3.2.4 Instrumentalpädagogik und kulturelle Vielfalt

Das Thema kulturelle Vielfalt gewinnt in der Musikpädagogik mehr und mehr an Bedeutung. Obwohl die Instrumentalpädagogik im Hinblick auf die Fragestellung dieser Arbeit keine tragende Rolle spielt, soll doch eine Bemerkung die Situation kurz umreißen: Die Themengebiete reichen im Hinblick auf kulturelle Vielfalt von überarbeitungsbedürftiger – weil vom Gedanken einer dominant herrschenden Leitkultur ausgehenden (vgl. Stroh 2000: 138) – Unterrichtsliteratur über die Frage der Ausdehnung des Instrumentenkanons, der Erweiterung der musikstilistischen Bandbreite und einer damit verbundenen transkulturellen Neuorientierung bis hin zur Erschließung völlig neuer Handlungsfelder. Eines dieser neuen Handlungsfelder wäre beispielsweise Musik und soziale Arbeit (Hartogh/Wickel 2004).

6.4 Wandel in der wirtschaftlichen Sphäre

Für die wirtschaftliche Sphäre soll folgende systemisch begründete These gelten: Wirtschaftlich handelt, wer über Geld kommuniziert. Daher sind alle Musikschulen wirtschaftende Unternehmen, auch die öffentlich geförderten Musikschulen.[15] Jede Musikschule ist also als ein Subsystem des Wirtschaftssystems zu betrachten, das nur am Markt überleben kann, wenn die Kommunikation mit dem Wirtschaftssystem hergestellt und aufrechterhalten wird. Daher müssen Musikschulen – auch wenn sie sich teilweise über öffentliche Mittel finanzieren – auf den wirtschaftlichen Wandel mit adäquaten Strategien reagieren. Auf welche Weise dies geschieht und wie sich der relevante Wandel darstellt, soll in diesem Abschnitt untersucht werden. Ein Blick auf das Weltmarktgeschehen dient der Einführung in die Thematik.

6.4.1 Wandel, Komplexität und das Primat der Gewinnmaximierung

Das deutsche Wirtschaftssystem ist im Rahmen der Globalisierung der Märkte und nicht zuletzt aufgrund des hohen Exportvolumens stark an das Weltmarktgeschehen gekoppelt. Eine immer weiter fortschreitende Ausdifferenzierung des Weltwirtschaftssystems[16] führt zu einem stetig steigenden Komplexitätsgrad in der postmodernen Gesellschaft. Aufgrund des schwer vorhersagbaren Wandlungsgeschehens sind die Entscheidungen auf der Makro-, der Meso- und auf der Mikro-Ebene für Politiker, Unternehmer und Bürger mit großen Risiken behaftet (Risikogesellschaft).

> „Unsere akkumulierten Erfahrungen mit einfachen Systemen sind […] schlechte Wegweiser für den Umgang mit hochkomplexen, vernetzbaren Systemen." (Fredmund Malik, zit. n. Bleicher 1994: 34)

Malik spielt hier mit systemisch geschärftem Blick auf die traditionelle eindimensionale Denkweise von Unternehmen an, die, dem Primat der Gewinnmaximierung folgend, sich allein an den Vorgängen in der ökonomischen und technologischen Umwelt orientieren. Sie vertreten gemäß der allgemeinen Gleichgewichtstheorie perfekter Märkte die Ansicht, dass durch Aus-

15 Musikschulen finanzieren sich primär über staatliche Fördergelder und Schülergebühren. Der Anteil der Spendengelder an den jeweiligen Gesamteinnahmen, die sie über den freien Markt erhalten, liegt bei 0 bis 3 % (vgl. Verband deutscher Musikschulen 2015a: 217).

16 In diesem Kontext ist auch das geplante Freihandelsabkommen mit den Vereinigten Staaten zu sehen.

gleich von Angebot und Nachfrage letztlich allen Menschen die Möglichkeit zur Teilhabe am wirtschaftlichen Erfolg in Form von Wohlstand bei entsprechender Leistungsbereitschaft offensteht. Gewinnmaximierung als primäres Unternehmensziel wird aufgrund der immer akuter werdenden gesellschaftlichen und wirtschaftlichen Probleme der Wohlstandsgesellschaft – zumindest in wissenschaftlichen Fachkreisen – zunehmend kritisch diskutiert (vgl. Dubs 2012: 6f.). Erscheinungen wie Massenproduktion, Überkapazitäten, instabile Finanzmärkte, Ressourcenknappheit, die mit dem Energiebedarf einhergehende Umweltbelastung etc. zeigen Problemfelder auf, die vor dem Hintergrund einer sich global entwickelnden Wirtschaft den Ruf nach neuen Modellen und Konzepten zur Bewältigung einer sich ausdifferenzierenden, immer komplexer werdenden Weltwirtschaft laut werden lassen. Die St. Galler Managementschule schlägt vor, dem Primat der Gewinnmaximierung das Paradigma eines *Gewinns unter Nebenbedingungen* entgegenzustellen (vgl. Dubs 2012: 9). Zwar bleibt hierbei der Gewinn ein konstituierendes Merkmal der wirtschaftlichen Ordnung, aber ein Unternehmen ist laut diesem Paradigma angehalten, seine Umwelt sensibler wahrzunehmen und sich um einen Interessenausgleich zwischen seinen Stakeholdern[17] zu bemühen. Das Bemühen um Interessenausgleich bringt für privatwirtschaftliche Unternehmen durch die hinzukommende Varietät zwangsläufig neue Zielkonflikte mit sich, die denen der staatlich geförderten Institutionen sehr ähnlich sind. Unter der besagten Prämisse sollen auch FPO einen sinnvollen Beitrag zur Entwicklung der Gesellschaft leisten. Sowohl die FPO als auch die NPO legitimieren damit ihre Existenz über Nutzenstiftung im Rahmen des Interessenausgleichs zwischen den betreffenden Stakeholdern. Das Paradigma des Gewinns unter Nebenbedingungen erfordert eine neue normative Ausrichtung der jeweiligen Organisation.[18] Damit rücken NPO und FPO aus strategischer Sicht deutlich näher zusammen. Würde sich dieser sich andeutende Trend etablieren, hätte dies eine völlig neue Bedeutung des Begriffs der Gemeinnützigkeit zur Folge, was maßgebliche strukturelle Konsequenzen für das Musikschulwesen in Deutschland zur Folge hätte.

17 „Das *Stakeholder-Modell* versucht zu eruieren, welche Bezugsgruppen welche Interessen anmelden und wie man diesen Interessen entgegenkommen kann." (Schneider et al. 2007: 17; Hervorh. im Original)

18 Normatives Management legt die wirtschaftsphilosophischen Prämissen als Grundlage strategischer Entscheidungen fest und reduziert somit Komplexität (vgl. Dubs 2012: 12).

6.4.2 Strukturkonservatismus in sich dynamisch wandelnden Märkten

> „Alte Weltanschauungen sind außergewöhnlich beständig und prägen das menschliche Verhalten auch dann noch, wenn die Bedingungen, auf denen sie basierten, längst nicht mehr existieren." (Inglehart 1989: 492)

Dass Musikschulen sich in einem dynamischen Markt befinden, wurde im vorangegangenen Abschnitt schon festgestellt. Ob althergebrachte Verhaltensweisen geeignete Instrumente sind, um die damit verbundenen Herausforderungen zu meistern, soll jetzt untersucht werden.

> „Die Krise der Kulturpolitik wurde und wird in den letzten Jahrzehnten von den Betroffenen zunächst und vor allem als eine Finanzierungskrise empfunden, als Stagnation oder Rückgang öffentlicher Zuwendungen. Doch es dämmert die Erkenntnis, dass die Probleme tiefer liegen, dass die Art und Weise, wie der öffentliche Kulturbetrieb organisiert ist, neuen Herausforderungen nicht gerecht wird." (Haselbach et al. 2012: 62)

Die sich immer weiter entwickelnde Komplexität und Dynamik des ökonomischen Wandels stellt eine neue Herausforderung dar und fordert Anpassungen im Management aller wirtschaftenden Unternehmen. Der These folgend, dass Musikschulen wirtschaftende Unternehmen und damit dem wirtschaftlichen Wandel unterworfen sind, soll im Folgenden untersucht werden, inwieweit Musikschulen Strategien im Umgang mit dieser Komplexität und Dynamik entwickelt haben.

> „Die ursprünglich vorhandene politische Lobby und engagierte Elternvertretungen beklagen sich über mangelnde Innovationsfähigkeit, verschlafene Chancen zur Neuorientierung und unzureichende Dialogbereitschaft. Ganze Kollegien versuchen im festen Glauben an die eigene Wichtigkeit, den Kopf in den Sand zu stecken und auf bessere Zeiten zu warten." (Schmidt/Gerland 2007: 141)

Hier wird von verpassten Chancen zur Neuorientierung gesprochen und damit eine gewisse strategische Passivität unterstellt, die sich durch eine abwartende Haltung mit Hoffnung auf Wiederherstellung eines vergangenen Zustandes sowie durch eine sich daraus ergebende mangelnde Dialogbereitschaft erklärt.

Wenn man sich die von Haselbach et al. angesprochenen organisationalen Herausforderungen und die von Schmidt und Gerland erwähnten verpassten Chancen zur Neuorientierung vergegenwärtigt, entsteht der Eindruck des Festhaltens an Altem in einer sich dynamisch wandelnden Umwelt. Haselbach et al. führen an, dass viele Kulturbetriebe sich darauf beschränken, nur das Vorhandene zu managen. Das schränkt nach Meinung der Autoren den Handlungshorizont derartig ein, dass die Kraft für Innovationen und Visionen fehlt und damit strategische Potenziale, die zum konstruktiven Umgang mit der veränderten Situation nötig wären, nicht ins Blickfeld kommen. Haselbach et al. (2012: 63) bezeichnen dieses Verhalten als *Strukturkonservatismus*.

Anhand dreier Funktionsbereiche des Musikschulmanagements soll untersucht werden, inwieweit die Aussagen von Haselbach et al., die auf die Situation im Kultursektor allgemein Bezug nehmen, auch auf Musikschulen übertragbar sind. Als erstes soll die Personalpolitik beleuchtet werden.

6.4.2.1 Wandel, Strukturkonservatismus und Personalpolitik

Eberhardt (2007: 96 f.) stellt fest, dass sich der Aufgabenbereich eines Musikschulleiters von pädagogischen und musikalischen Arbeitsinhalten zu vornehmlich administrativen und betriebswirtschaftlichen Anforderungen gewandelt hat und Managementwissen sowie die Anwendung von Managementtechniken zu einem unverzichtbaren Instrumentarium gegenwärtiger Musikschularbeit geworden sind. Er bedauert das Fehlen adäquater Ausbildungsangebote zur entsprechenden Qualifizierung der Musikschulführungskräfte. Aufbauend auf diesen Feststellungen lässt sich folgende Kausalkette bilden:

Da *erstens* Musikschulleiter kein dem Anforderungsprofil angemessenes Studium absolvieren können, fehlen *zweitens* eine professionelle kaufmännische Ausbildung sowie die damit verbundenen Managementkenntnisse,[19] und infolgedessen verfügen *drittens* die einzelnen Musikschulen über unzureichende Instrumente zum konstruktiven Umgang mit wirtschaftlichem und allgemein sozialem Wandel, was *viertens* aufgrund der eingeschränkten Handlungsoptionen zu den im vorangegangenen Kapitel beschriebenen ver-

19 Managementinstrumente, die Hilfe im Umgang mit Wandel bieten, wären z. B. Diversity-Management, Change-Management und insbesondere auch normatives Management.

passten Chancen und ausgebliebenen Innovationen geführt haben könnte. Grund genug, dieses Thema mit etwas mehr Tiefenschärfe und fokussiertem Blick auf das normative und strategische Management zu betrachten.

6.4.2.2 Wandel, Strukturkonservatismus und Management

Ihre generelle Ausrichtung erfährt eine Musikschule durch das normative Management. Ein Beispiel für eine streng konservative Ausrichtung von Musikschulen kann man in Russland finden,

> „wo die staatlich gestützten Institutionen fast durchweg einen traditionellen Kulturbegriff pflegen, während die privaten sich der zeitgenössischen Kunst in allen Sparten widmen. Daraus sind zwei parallele Systeme entstanden, wobei die Leistungsfähigkeit des privat finanzierten Systems jenem des öffentlich finanzierten weit überlegen ist." (Haselbach et al. 2012: 65)

Dem Zitat Haselbachs et al. ist zwar nicht zu entnehmen, für welche Leistungsbereiche die Autoren den privat finanzierten Musikschulen eine Überlegenheit attestieren, aber dieses Beispiel legt zumindest die Vermutung nahe, dass es eine positive Korrelation zwischen staatlicher Förderung und einem gewissen Strukturkonservatismus geben könnte, der dann seinerseits einem dynamischen Markt ein statisches Management gegenüberstellt, das aufgrund der sicheren staatlichen Finanzierung eine innovative Anpassung an das Marktgeschehen nicht mehr notwendig macht.

Diese Annahme lässt sich insofern auch auf die Verhältnisse in Deutschland übertragen, als VdM-Musikschulen primär auf den Erhalt und die Pflege der klassischen Musik der europäischen Hochkultur, also eher auf den traditionellen Kulturbegriff ausgerichtet sind.

> „Musikschulen sind konservativ. Und zwar im positiven Sinn. Sie bewahren, pflegen und ermöglichen eines der wertvollsten Kulturgüter überhaupt: das Musizieren als lebendigsten Umgang mit der Musik." (Schmidt/Gerland 2007: 129)

Schmidt und Gerland (2007: 128) schreiben weiter, dass Instrumentallehrer Traditionalisten seien, deren Kernkompetenzen in der persönlichen Weitergabe von Wissen und Können im Umfeld einer Meister-Lehrling-Ausbildung liegen, nicht in Innovation und stetem Wandel.

Abschließend sei noch erwähnt, dass alle NPO aufgrund ihres meist festgeschriebenen öffentlichen Auftrags[20] generell Gefahr laufen, in eine gewisse Missionsblindheit zu geraten. Dazu schreiben Schneider et al. (2007: 33), die in diesem Zitat mit dem Wort „Organisationen" die NPO meinen:

> „Die psychologische Barriere des Verharrens im tradierten Auftrag, der Glaube, man könne nicht über den Schatten der bisherigen Mission und Strategie springen, ist oft stärker als die objektiven Grenzen, die den Menschen in diesen Organisationen gesetzt werden. Strategisches Management ist v. a. auch eine Denkschule, in der man lernt, über den Schatten zu springen."

6.4.3 Marktentwicklung – Die Konkurrenzsituation wandelt sich

Die Konkurrenz der VdM-Musikschulen bestand in der Vergangenheit vor allem aus einem überschaubaren Feld von Privatmusikerziehern und den Musikvereinen, die ihrerseits Unterricht für ihren Nachwuchs anboten und diesbezüglich mit den Musikschulen oftmals Hand in Hand arbeiteten. Diese Konkurrenzsituation hat sich gewandelt, und zwar nicht nur für die Musikschulen:

> „Die Herausforderungen, die von NPO in der Zukunft zu bewältigen sind, haben sich grundlegend verändert. […] Die Organisationen sind einem konstanten Anpassungsdruck ausgesetzt. Auch in der NPO-Branche wird der Wettbewerb zunehmend spürbar." (Schneider et al. 2007: 14)

Die VdM-Musikschulen sehen sich einem sich verschärfenden Konkurrenzdruck ausgesetzt. Im Feld der *Kernkonkurrenz*[21] hat sich eine starke privatwirtschaftliche Konkurrenz formiert, die ihre Marktanteile ständig ausbaut. Abgesehen davon sehen sich die Musikschulen vermehrt einer

20 Der öffentliche Auftrag ist oft identisch mit dem in den jeweiligen Satzungen, Statuten etc. festgelegten gemeinnützigen Zweck der Organisation.

21 In Anlehnung an Klein (2005: 198 f.) wurde die Konkurrenz für Musikschulen in vier Bereiche eingeteilt.

Spartenkonkurrenz gegenüber. Institutionen wie Familienbildungsstätten, Kindergärten, Volkshochschulen etc. bieten dem Musikschulangebot ähnliche Dienstleistungen an. Vor allem im Bereich der elementaren Musik- und Kunsterziehung hat sich der Markt stark dynamisiert. Die Angebote der virtuellen Dienstleister kann man ebenfalls der Spartenkonkurrenz zuordnen. Die Musikschulen haben verstärkt auch mit einer *Branchenkonkurrenz*[22] zu tun, also allgemeinen Kulturangeboten der betreffenden Region. Allerdings lassen hier räumliche Disparitäten im Rahmen des Stadt-Land-Gefälles keine generelle Aussage zu. Man kann jedoch davon ausgehen, dass die Branchenkonkurrenz in den Ballungsräumen ausgeprägter ist als in den ländlichen Gebieten. Generell spielt in der sich entwickelnden postmodernen Gesellschaft die *Freizeitkonkurrenz* eine nicht zu unterschätzende Rolle – einerseits aufgrund der generellen Vielfalt der Freizeitangebote und andererseits bedingt durch die knappen Zeitressourcen von Kindern, Jugendlichen und Erwachsenen. Die geschilderte Konkurrenzentwicklung scheint aber bei den geförderten Musikschulen bisher nicht zu einem Rückgang der Schülerzahlen geführt zu haben. Dies lässt sich *erstens* aus stabilen Schülerzahlen schließen, die den statistischen Auswertungen des VdM-Jahrbuchs (vgl. VDM 2015a) zu entnehmen sind, und *zweitens* aus den teilweise hohen Beständen der Wartelisten.[23] Nach Haselbach et al. (2012: 150) ist ein Grund für diese günstige Situation in der öffentlichen Förderung von Kultureinrichtungen zu suchen.[24]

> „Die Fördercouch steht nicht im Wohnzimmer vor dem Fernseher, sondern im öffentlichen Raum. Die Geförderten können es sich wohlgehen lassen, obwohl sie ständig klagen, die Couch sei unbequem. Wo andere in diesen Märkten agieren möchten, müssen sie gegen geförderte Konkurrenten antreten, die unter weitaus günstigeren wirtschaftlichen Bedingungen agieren können."

22 Klein bezeichnet diesen Bereich als *Kulturkonkurrenz* (Klein 2005: 199), wobei dieser Begriff etwas unglücklich gewählt ist und daher durch *Branchenkonkurrenz* ersetzt wird.

23 Deutscher Städtetag (2013: 211–301). Der VdM geht für 2014 von ca. 80 000 bis 100 000 Schülern auf Wartelisten aus (vgl. Mühlenhaus 2015: 1).

24 Im Falle der Musikschulen werden die Subventionen unter anderem dazu genutzt, günstige Unterrichtskonditionen für alle Bürger zu gewährleisten, sodass sich über die subventionierten Unterrichtspreise Wettbewerbsvorteile gegenüber nicht geförderten Musikschulen ergeben.

6.4.4 Wandel auf dem Arbeitsmarkt – Trend zur Selbstständigkeit

Fischer (2007: 56) kam in seiner Untersuchung des Arbeitsmarktes für Musiker zu dem Schluss, dass die Zahl der tätigen Lehrer für musische Fächer außerhalb der Musikschulen anstieg, die Arbeitslosigkeit in diesem Bereich gegenüber dem Durchschnitt aber insgesamt niedriger war. Dies ist ein Hinweis darauf, dass sich schon 2007 ein Trend in Richtung Selbstständigkeit abzeichnete. Allerdings scheint die Selbstständigkeit für viele Musiker finanzielle Probleme nach sich zu ziehen. Fischer (2007: 65) führt als Besonderheit des Künstlerarbeitsmarktes eine geringe Beschäftigungssicherheit bei hoher Qualifikation und Bildung der Musiker, aber niedrig bezahlten Dienstleistungen an. Haselbach et al. (2012: 126) nennen bezüglich der Einkommenssituation von Freiberuflern in der Kulturbranche konkrete Zahlen. Sie schreiben, das DIW[25] habe ermittelt, dass 78 % der Künstler, die sich selbst als professionell bezeichnen, unter der Armutsgrenze lebten. Die Künstlersozialkasse (KSK) veröffentlichte 2015 auf ihrer Website, dass das Durchschnittseinkommen der als Musiker gemeldeten Mitglieder bei 12 931 € im Jahr liegt, wobei Frauen mit 10 957 € noch deutlich unter dem Einkommen ihrer männlichen Kollegen (14 247 €) liegen (vgl. Künstlersozialkasse 2015). Gründe für diese schlechte Einkommenslage könnten einerseits in einer fehlenden gesetzlichen Regelung bezüglich der Berufsbezeichnung von Musiklehrern[26] und andererseits in dem subventionsbedingt zu niedrigen Marktpreis für das Produkt Musikunterricht[27] zu suchen sein.

Der Trend zur Selbstständigkeit hängt unter anderem auch mit der eingangs erwähnten Sparpolitik zusammen (vgl. Kapitel 6.1.2), da viele Festanstellungen den Sparmaßnahmen zum Opfer fielen und in Honorarstellen umgewandelt wurden. Dieser Umstand ist in manchen Musikschulen für eine hohe Personalfluktuation verantwortlich, worunter sowohl das Betriebsklima einer Musikschule als auch die Unterrichtsqualität leiden können.

25 Deutsches Institut für Wirtschaftsforschung (Berlin).

26 Musikunterricht kann zurzeit von jedem Musiker ungeachtet seiner musikpädagogischen Qualifikation durchgeführt werden. Ich habe über die Jahre festgestellt, dass schlecht ausgebildete Musiker oft Musikunterricht nebenberuflich zu sehr günstigen Konditionen anbieten und damit einen ohnehin schon niedrigen Marktpreis weiter nach unten treiben.

27 An diesem künstlich niedrigen Marktpreis haben sich privatwirtschaftliche Musikschulen zu orientieren. Diese können, um konkurrenzfähig zu bleiben, die Mindereinahmen oft nur über Einsparungen im Stundensatz der Lehrkräfte ausgleichen.

6.4.5 Subvention und politische Legitimation

> „Mit dem Rückgang öffentlicher Zuschüsse und der damit gekoppelten Notwendigkeit der Gebührenerhöhung steigt die Zugangsschwelle für sozial schwächere Familien. Damit gewinnt die Musikschule einen noch stärkeren Charakter der Exklusivität, was wiederum die Legitimation für öffentliche Fördergelder mindert." (Knubben 2007: 21)

In der Musikschulszene meines beruflichen Umfelds ist hinlänglich bekannt, dass Musikschulunterricht ohnehin in der Regel von einkommensstarken Familien in Anspruch genommen wird. In diesem Kontext fällt oft das Wort „Bildungsbürgertum". In einem inklusiv gewandelten und deutlich sensibleren gesellschaftlichen Umfeld müssen sich öffentliche Musikschulen hinsichtlich der über Jahrzehnte ausgebliebenen Strategie zur aktiven Förderung einkommensschwacher Familien neu aufstellen. Fördergelder wurden in der Vergangenheit nicht vorrangig dazu verwendet, den Musikunterricht möglichst niedrigschwellig, also für sozial schwächer Gestellte, anzubieten, sondern um generell die Preise für Musikunterricht unter dem realen Marktwert zu halten. Es ist davon auszugehen, dass davon bisher insbesondere Familien profitierten, die sich höhere Unterrichtsgebühren durchaus hätten leisten können. Dauerhaft ausgeschlossen bleiben Menschen, denen die Teilhabe am Kulturgeschehen durch die beschriebene Bildungsbarriere versperrt ist (siehe Kapitel 6.3.1) – es sei denn, es werden strukturelle Änderungen vorgenommen.

6.5 Wandel in der Technologie

Der Soziologe William F. Ogburn (1886–1959) war der Ansicht, dass in der Umsetzung von natur- und ingenieurswissenschaftlichen Erkenntnissen in technische Innovationen ein wesentlicher Motor des sozialen Wandels liege. Die in den 70er Jahren begonnene Entwicklung der Digitaltechnik hat die technologische Entwicklung derart beschleunigt, dass man heute insbesondere im Bereich der Steuerungs-, Informations- und Kommunikationssysteme von einer *digitalen Revolution* spricht (vgl. Schäfers 2012: 22).

6.5.1 Digitale Revolution

Die mit der digitalen Revolution einhergehende rasante Entwicklung des Web 2.0 erfordert ein Überdenken der Medienarbeit einer Musikschule. Soziale Netzwerke sind ernstzunehmende Marketinginstrumente, die sowohl für die allgemeine Öffentlichkeitsarbeit als auch für konkrete Werbezwecke eingesetzt werden können, und stellen daher wichtige Kommunikationswege für jede Organisation dar. Dieses Potenzial voll auszuloten, stellt aufgrund fehlender Ressourcen für Musikschulen oft eine große Herausforderung dar. Musikschulen, die diese Herausforderung annehmen, können auf breiter Ebene profitieren. Beispielsweise ließen sich in einem hauseigenen Digitaltonstudio Musikproduktionen mit Schülern oder regionalen Bands durchführen, Recording-Workshops veranstalten oder Unterricht für DJs anbieten – die Möglichkeiten und die sich daraus ergebenden Chancen sind mannigfaltig.

6.5.2 Veränderung der Musikkultur

Jerrentrupp (2000: 51) verwies schon im Jahr 2000 auf Veränderungen durch digitale Vernetzung im kulturellen Bereich:

> „Schon jetzt ist absehbar, daß [!] die Vernetzung der Menschen via Internet die Musikkultur ebenfalls beeinflussen wird [.]"

Die Digitaltechnik ließ neue Kunstformen entstehen, und an Hochschulen kann man sich zum *Digital Artist* ausbilden lassen. Die Frage ist hier, wo sich in diesem kreativen digitalen Experimentierfeld die Musikschulen verorten, auf welche Weise neue Medien sinnvoll genutzt werden können (vgl. Fervers 2007: 177) und inwiefern Kritik und Distanzierung angebracht sind. Voraussetzung für eine diesbezügliche Positionierung ist eine intensive Auseinandersetzung mit dieser Thematik.

6.6 Ökologischer Wandel

Noch vor fünfzig Jahren betrachtete man in der westlichen Welt die Natur als eine noch zu kultivierende Umwelt, die im unkultivierten Zustand keinen Wert darstellte. Zwar wandelt sich diese eindimensionale Vorstellung langsam in ein globales, die Natur wertschätzendes Umweltbewusstsein, doch steht dieses in einem latenten Konflikt mit unserem Streben nach Wohlstand und dem dazu notwendigen ressourcenfordernden Wachstum, das in starkem Maße die Umwelt belastet. Im Sinne des Gedankens der Nachhaltigkeit und der uns zukommenden Verantwortung für das Wohlergehen nachfolgender Generationen stellt sich für die Musikschule als Institution die Frage, inwieweit umweltschützendes Verhalten[28] vorgelebt werden kann bzw. dieses Thema generell in die Musikschulphilosophie einfließen und nach außen kommuniziert werden sollte. Die gesellschaftliche Bedeutung einer ökologisch verankerten Unternehmensphilosophie scheint zu stetig zu wachsen.

Das Kapitel soll mit einigen Beispielen aus der Praxis abschließen, die zwar keine existenzielle Bedeutung für das Überleben einer Musikschule haben, aber viel über Achtsamkeit und gelebte Werte aussagen: Mülltrennung ist in Musikschulen oftmals nicht möglich, weil Mitarbeiter den Müll in den ihnen am nächsten stehenden Mülleimer werfen. Musiklehrer müssen oft im Kaltlicht von Leuchtstoffröhren unterrichten, weil die Musikschulleitung oder der Träger sich über die Lichtqualität keine Gedanken machen. Träger, Musikschulleitung und auch Lehrkräfte achten in der Regel nicht auf ein gutes Raumklima. Vereinzelt gibt es Unterrichtsräume, die über keinerlei Tageslicht verfügen; viele Räume sind lieblos eingerichtet, oftmals auch ohne Zimmerpflanzen etc. Eine normative Neuausrichtung sollte sich auch an solchen kleinen Details messen lassen.

28 Mülltrennung, gesunde Unterrichtsräume und -bedingungen, Lärmschutz etc.

6.7 Zusammenfassung

Bezüglich des *politischen Wandels* kann man sagen, dass die Musikschulen von drei Trends betroffen sind: Im Rahmen der Sparpolitik werden trotz höherer Steuereinnahmen die Beträge der einmal gekürzten Etats nicht wieder erhöht, sondern dazu verwendet, einen ausgeglichenen Haushalt zu realisieren. Damit verbunden ist eine Hinwendung zum Diktum sich selbst steuernder Märkte und der damit verbundenen *Abwendung vom Prinzip des Sozialstaates.* Dieser Rückzug impliziert, dass viele meritorische Güter und Dienstleistungen über kurz oder lang aus dem Leistungsangebot des Staates verschwinden und in privatwirtschaftliche Hände überführt werden. Zwar werden die meisten geförderten Musikschulen über kommunale Mittel finanziert – und die jeweiligen regionalen Situationen sollen auch nicht Gegenstand dieser Analyse sein –, aber die allgemein schlechte Finanzlage der Kommunen hat in letzter Konsequenz bundespolitische Ursachen. Daher ist zu befürchten, dass es zukünftig zu weiteren *Kürzungen von Fördergeldern* kommen wird und die Musikschulen daher gezwungen sein werden, ihre Kosten weiter zu senken – was primär über die Reduktion der Personalkosten geschehen wird – und ihre Einnahmen zu erhöhen, sprich die Unterrichtsgebühren anzuheben. Darüber hinaus könnte ein Zusammenhang zwischen den Etatkürzungen und dem beschriebenen Bedeutungs- und Machtverlust des Kultursektors – und damit auch der Musikschulen – bestehen. Der durch die UNESCO eingeläutete und von der Bundesregierung auf den Weg gebrachte normative Wandel manifestiert sich in der Inklusionspolitik in Deutschland und der damit verbundenen Forderung nach Teilhabe. Dadurch geraten die Musikschulen zunehmend unter einen *Legitimationsdruck.* Es bestehen auch Hinweise darauf, dass die Inklusionspolitik des VdM und der damit verknüpfte Top-down-Prozess nicht oder nur sehr verzögert in seinen Mitgliedsschulen ankommt, was auf ein strategisches Defizit des Verbandes bei der Durchsetzung seiner Politik in den Musikschulen hinweist.

Der *demografische Wandel* verändert die Bevölkerung Deutschlands in einer nie dagewesenen Weise. Die Lebenserwartung steigt, während die Geburtenrate zurückgeht. Isoliert betrachtet führt dies zu einer Überalterung der Gesellschaft. Migrationsbewegungen sind nicht genau vorhersehbar, aber man kann davon ausgehen, dass die Deutschen weniger werden und allein dadurch die Anzahl an Migranten prozentual steigt, die Gesellschaft also bunter wird. Außerdem wird der vermutete Trend zur Urbanisierung strukturschwache Gebiete weiter schwächen. Im Gegenzug werden sich die

Städte, verursacht durch in die urbanen Zentren drängende Migranten, vermehrt mit einer sich weiter ausdifferenzierenden Bevölkerung und den damit verbundenen Problemfeldern beschäftigen müssen. Das Thema kulturelle Vielfalt wird daher in den Musikschulen der Städte wahrscheinlich mehr Raum einnehmen als in den ländlichen Gebieten. Diese wiederum müssen mit einem Fachkräftemangel und einer deutlich zurückgehenden Schülerzahl rechnen.

Kultureller Wandel: Migration bringt kulturelle Vielfalt. Inklusion bedeutet Teilhabe. Leitkultur heißt Ausgrenzung. Nicht-Bildung baut Barrieren auf. Mit diesen Schlüsselbegriffen lässt sich spielen. Man könnte sich folgende Frage stellen: Sind die Inhalte der im Diskurs befindlichen Erklärungen und Leitbilder zur kulturellen Teilhabe aus dem Inklusions-Baukasten zusammengesetzte Worthülsen oder ernstgemeinte kulturpolitische Statements? Angesichts der mutmaßlichen Diskrepanzen (siehe 6.1.5) zwischen Wort und Tat, zwischen inklusiven Zielsetzungen auf der Makro-Ebene (VdM) und deren Realisation auf der Meso-Ebene (Musikschulen) steht diese Frage unbeantwortet im Raum.

Dem Bildungssystem als Teil der kulturellen Sphäre scheint die besondere Aufgabe zuzukommen, Mittel und Wege zum Abbau von Barrieren zu finden, die Teilhabe verhindern. Manchmal stellt schon das passive Warten auf Rezipienten eine Bildungsbarriere dar. Man begegnet sich schneller, indem man aufeinander zugeht. Dies hilft nicht nur beim Überwinden von Barrieren, sondern auch bei der Herstellung eines Gleichschritts mit dem Wandlungsgeschehen und anderen Institutionen. Damit gemeint sind insbesondere die Musikhochschulen, die allgemeinbildenden Schulen und die Musikschulen, die ein musikalisches Bildungsnetzwerk darstellen. Dem Bedeutungsverlust des Faches Musik an den allgemeinbildenden Schulen können die Musikschulen über Kooperationen entgegenwirken. Zugleich bringen Kooperationen aber auch die Gefahr des Identitätsverlustes mit sich, die jedoch durch entsprechendes Management minimiert werden kann.

Mit dem *wirtschaftlichen Wandel* und Megatrends wie Globalisierung, Digitalisierung und Individualisierung wird das Zeitalter der Wissensgesellschaft eingeläutet. In Fachkreisen spricht man schon vom quartären Sektor (vgl. Kapitel 2), unter dem man qualitativ hochwertige Informationsdienstleistungen zusammenfasst.[29] Immer mehr Wirtschaftsunternehmen sehen in der Entwicklung einer Unternehmensphilosophie, die Sinn für Mitarbeiter und Gesellschaft generiert, einen ernstzunehmenden Wertschöpfungsfaktor.[30] Dieser Wandel zeitigt auch ein zunehmendes Hinterfragen kapitalistischer Grundwerte, wie am Beispiel des Gewinns unter Nebenbedingungen als Alternative zum Primat der Gewinnmaximierung gezeigt wurde. Insgesamt ist ein Trend zu Soft Skills[31] erkennbar, der in innovativen nordamerikanischen und europäischen Unternehmen weiterentwickelt wird und unter dem Label „Spiritual Business" das Ziel hat, den Kapitalismus zu reformieren (vgl. Aburdene 2008: 24 ff.).

Ein derartiger Trend ließe *erstens* auf einen breiten gesellschaftlichen Konsens bezüglich der Bedeutung von Kultur hoffen und würde *zweitens* das Spannungsfeld zwischen Kunst und Kommerz entkräften. Ein weiteres Spannungsfeld, das zwischen öffentlichen und privatwirtschaftlichen Musikschulen/Musiklehrern besteht, birgt aktuell Konfliktpotenzial: Es ergibt sich aus der staatlichen Subventionierung *einerseits,*[32] die den Marktpreis für Musikunterricht verzerrt und *andererseits* aus dem Versuch des VdM, das Wort „Musikschule" exklusiv für seine Mitglieder zu schützen.

Im *technologischen Wandel* zeigt sich die digitale Revolution als die treibende Kraft. Sie hält für Musikschulen innovative Konzepte im Bereich der Kommunikations- und Informationstechnik bereit, die Effizienz- und Effektivitätspotenzial in sich tragen – auch im Pädagogischen. Ob und wie weit dieses Potenzial genutzt wird, ist eine Frage des Wollens und Könnens. Darüber hinaus hat die Digitaltechnik neue Kunstformen hervorgebracht und die Musikkultur auf vielen Ebenen verändert.

Ökologischer Wandel: Abgesehen von dem allmählich wachsenden Bewusstsein der Staatengemeinschaft dafür, dass die globale Umweltbelastung ein ernsthaftes Problem darstellt, für das es noch keine durchgreifende Lösung

---

29 Da der Begriff *quartärer Sektor* in der Volkswirtschaftslehre noch nicht klar definiert ist, werden diesem Sektor manchmal auch die Bereiche Freizeit und Unterhaltung zugeordnet.

30 Am jüngsten VW-Skandal (vgl. Grolle et al. 2015: 10–16) kann man erkennen, welchen immens hohen wirtschaftlichen Schaden ein Verstoß gegen den gesellschaftlichen *Common Sense* aufgrund fehlender Unternehmensphilosophie anrichten kann.

31 Den Ausdruck „Soft Skills", auch „Social Skills" genannt, kann man mit „soziale Kompetenz" übersetzen.

32 In einem *inklusiven* Deutschland kann eine als meritorisch bezeichnete Leistung als Wertung verstanden und damit als Diskriminierung ausgelegt werden.

gibt, ist das individuelle Umweltbewusstsein eines Menschen Teil seines Wertesystems. Im Rahmen des normativen Managements gehört Ökologie genauso auf den Besprechungstisch der Musikschule wie das Thema Diversität.

Nach dieser recht umfangreichen Zusammenfassung wird im nächsten Kapitel der Versuch unternommen, aus den gewonnenen Erkenntnissen Kernaussagen zu bilden, um diese dann zu bewerten, zu verknüpfen und zu komprimieren.

7 Synthese

Aufgabe dieses Kapitels ist es, die Analyseergebnisse dergestalt zu verdichten, dass operationalisierbare Synthesen entstehen. Die gewonnenen Erkenntnisse aus der Analyse werden auf ihre Relevanz geprüft und entsprechend gefiltert, um zusammenfassende Kernaussagen zu den jeweiligen Umweltsphären formulieren zu können. Diese sollen dann in einem zweiten Schritt auf inhaltliche Schnittmengen hin untersucht werden. Lassen sich diese Schnittmengen für mindestens drei Kernaussagen bilden, werden sie unter einem Schlüsselbegriff vereint (Synthese).

7.1 Kernaussagen zur Makro-Umwelt-Analyse

7.1.1 Kernaussagen zur politischen Sphäre

- Der Staat konsolidiert seinen Haushalt durch Sparpolitik.
- Die Kassen der Kommunen sind leer.
- Der Staat globalisiert und liberalisiert die Märkte.
- Der Staat legt seine soziale Verantwortung vermehrt in private Hände (Abwendung vom Sozialstaatprinzip).
- Kultur verliert an politischer Bedeutung.
- Musikschulen befinden sich in einer Legitimationskrise.

7.1.2 Kernaussagen zur demografischen Sphäre

- Die Bevölkerung wird weniger, grauer und bunter.
- Die Kernzielgruppe der Musikschulen (Kinder und Jugendliche bis zum Alter von 18 Jahren) schrumpft.
- Es kommt durch Urbanisierung zu regionalen Disparitäten, die zu Fachkräftemangel in ländlichen Gebieten führen können.

7.1.3 Kernaussagen zur kulturellen Sphäre

- Barrieren verhindern Zugang zur kulturellen Teilhabe.
- Die Bildungsbarriere verhindert die Teilhabe am Angebot der Musikschulen.
- Musikhochschulen und Musikschulen reagieren zu träge auf sozialen Wandel.
- Das berufliche Anforderungsprofil von Musiklehrern verändert sich.
- Der Musikunterricht an allgemeinbildenden Schulen verliert an Bedeutung (Betonung des Zweckrationalen).
- Kooperationen von Musikschulen und allgemeinbildenden Schulen bringen für Musikschulen die Gefahr des Identitätsverlusts mit sich.

7.1.4 Kernaussagen zur wirtschaftlichen Sphäre

- Das Zeitalter der Wissensgesellschaft (quartärer Sektor) wird eingeläutet.
- Unternehmensphilosophie gewinnt an Bedeutung als Wertschöpfungsfaktor.

- Erste Anzeichen für einen Paradigmenwechsel im kapitalistischen System sind zu erkennen (Gewinn unter Nebenbedingungen und Spiritual Business).
- Der Strukturkonservatismus der Musikschulen verhindert dynamische Anpassung an den Markt.
- Die Mitarbeiterfluktuation wird durch das vermehrte Einstellen von Honorarkräften erhöht.
- Ein Diskurs über die Forderung nach Professionalisierung des Musikschulmanagements ist im Gange.
- Staatliche Subventionen verzerren den Marktpreis für Musikunterricht.
- Ein niedriger Marktpreis für Musikunterricht sorgt für niedriges Einkommen bei freiberuflich arbeitenden Musiklehrern.
- Laut Künstlersozialkasse (KSK) leben viele freiberufliche Musiker an der Armutsgrenze.
- Privatwirtschaftliche Musikschulen kritisieren die Förderpolitik im Musikschulwesen.

7.1.5 Kernaussagen zur technologischen Sphäre

- Digitale Kommunikations- und Informationstechnologien zeigen neue Wege für Musikschulen auf (Netzwerke, Marketing, E-Learning, Aufnahmetechnik).
- Um das digitale Innovationspotenzial nutzen zu können, müssen Ressourcen zur Verfügung stehen.
- Digitaltechnik kann Effizienz und Effektivität auf vielen Ebenen steigern.
- Die digitale Revolution bringt neue Kunstformen hervor und verändert die Musikkultur.

7.1.6 Kernaussagen zur ökologischen Sphäre

- Der Ausbau der Wohlstandsgesellschaft führt zu enormen Umweltbelastungen und zu Ressourcenknappheit.
- Umweltbewusstes Verhalten ist generell ein Indiz für nachhaltiges und verantwortungsvolles Denken und Teil der gelebten Wertvorstellungen.
- Musikschulkultur (von Mitarbeitern geteilte Wertvorstellungen) zeigt sich auch in Detailfragen (energiesparende Beleuchtung, Mülltrennung etc.).

7.2 Wertung[33] und Synthesenbildung

7.2.1 Themenfeld 1 – Ressourcen

- Der Staat konsolidiert seinen Haushalt durch Sparpolitik.
- Die Kassen der Kommunen sind leer.
- Der Staat globalisiert und liberalisiert die Märkte.
- Der Staat legt seine soziale Verantwortung vermehrt in private Hände (Abwendung vom Sozialstaatprinzip).
- Es kommt durch Urbanisierung zu regionalen Disparitäten, die zu Fachkräftemangel in ländlichen Gebieten führen können.
- Staatliche Subventionen verzerren den Marktpreis für Musikunterricht.
- Ein niedriger Marktpreis für Musikunterricht sorgt für niedriges Einkommen bei freiberuflich arbeitenden Musiklehrern.
- Laut Künstlersozialkasse (KSK) leben viele freiberufliche Musiker an der Armutsgrenze.
- Um das digitale Innovationspotenzial nutzen zu können, müssen Ressourcen zur Verfügung stehen.

Mit den hier aufgeführten Kernaussagen lässt sich unter dem Rubrum „Ressourcen"[34] eine Synthese bilden.

7.2.2 Themenfeld 2 – Legitimation

- Kultur verliert an politischer Bedeutung.
- Musikschulen befinden sich in einer Legitimationskrise.
- Die Bildungsbarriere verhindert Teilhabe am Angebot der Musikschulen.
- Musikunterricht an Schulen verliert an Bedeutung.
- Privatwirtschaftliche Musikschulen kritisieren die Förderpolitik im Musikschulwesen.

33 Es werden nicht alle Kernaussagen berücksichtigt. Aus Platzgründen erfolgt die Auswahl ohne weitere Erläuterung. Die Fragestellung lautet hier: Welche Kernaussagen betreffen die Musikschulen unmittelbar, bieten Handlungspotenzial und weisen gleichzeitig eine normative Relevanz auf?

34 Der Begriff „Ressourcen" beinhaltet die Bereiche Humanressourcen, Betriebsmittel und Kooperationen (vgl. Lichtsteiner 2015a: 70). Eine ausführliche Betrachtung des Begriffs „Ressourcen" wäre in diesem Zusammenhang interessant, ist aber aufgrund des gesteckten Rahmens nicht möglich. Dies gilt auch für alle folgenden Synthesen.

Mit den hier aufgeführten Kernsätzen lässt sich unter dem Begriff „Legitimation“[35] eine Synthese bilden.

7.2.3 Themenfeld 3 – Identität

- Kooperationen von Musikschulen und allgemeinbildenden Schulen bringen für Musikschulen die Gefahr des Identitätsverlustes mit sich.
- Das berufliche Anforderungsprofil von Musiklehrern verändert sich.
- Mitarbeiterfluktuation wird durch das vermehrte Einstellen von Honorarkräften erhöht.
- Die digitale Revolution bringt neue Kunstformen hervor und verändert die Musikkultur.
- Umweltbewusstes Verhalten ist generell ein Indiz für nachhaltiges und verantwortungsvolles Denken und Teil der gelebten Wertvorstellungen.
- Musikschulkultur (von Mitarbeitern geteilte Wertvorstellungen) zeigt sich auch in Detailfragen (energiesparende Beleuchtung, Mülltrennung etc.).

Mit den hier aufgeführten Kernsätzen lässt sich unter dem Begriff „Identität“[36] eine Synthese bilden.

7.2.4 Themenfeld 4 – Struktur

- Musikhochschulen und Musikschulen reagieren zu träge auf sozialen Wandel.
- Der Strukturkonservatismus verhindert dynamische Anpassung am Markt.
- Ein Diskurs über die Forderung nach Professionalisierung des Musikschulmanagements ist im Gange.
- Digitale Kommunikations- und Informationstechnologien zeigen für Musikschulen neue Wege auf (Netzwerke, Marketing, E-Learning, Aufnahmetechnik).
- Digitaltechnik kann Effizienz und Effektivität auf vielen Ebenen steigern.

35 Musikschulen legitimieren sich letztlich über die Bedeutung, die die Gesellschaft der musikpädagogischen Arbeit der Musikschulen beimisst, und den Nutzen, den sie dadurch erfährt.

36 Identität bedeutet aus systemischer Sicht, dass keine Differenz gebildet wird, sich sozusagen das eine von dem anderen nicht unterscheidet.

Mit den hier aufgeführten Kernsätzen lässt sich unter dem Begriff „Struktur"[37] eine Synthese bilden. Abbildung 9 zeigt die vier Synthesen als Synthesen-Dreieck.

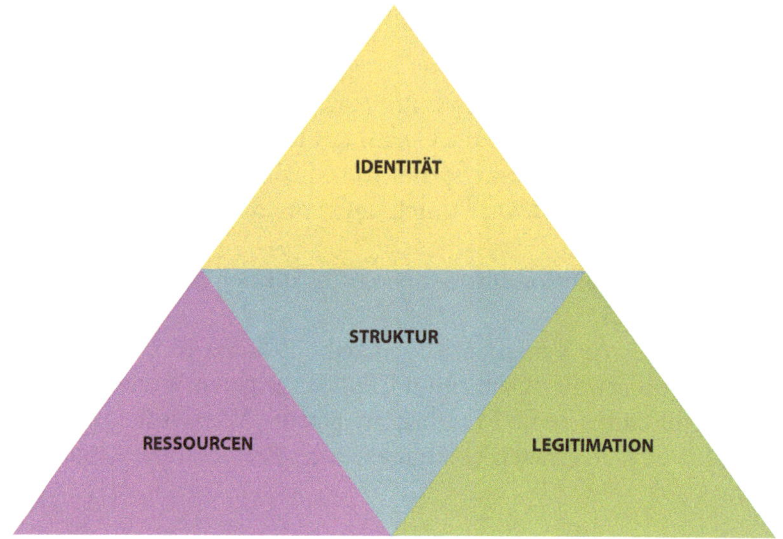

Abb. 9: Synthesen-Dreieck

7.2.5 Synthesen-Dreieck

Aus den vier Synthesen zu Ressourcen, Identität, Legitimation und Struktur sowie der damit verbundenen Reduktion der Analyseergebnisse heraus wird *erstens* das komplexe Wandlungsgeschehen überschaubar, *zweitens* das normative Handlungsfeld abgegrenzt und *drittens* der Fokus auf die für den normativen Change[38] wichtigen Themen gerichtet. Abbildung 9 zeigt die vier Synthesen in einem Dreieck, wobei die Synthese „Struktur" wegen ihrer zentralen Bedeutung und ihren Interdependenzen zu den drei umliegenden Synthesen in der Mitte positioniert wurde und auf diese Weise mit allem in Verbindung steht.

37 Bei der Untersuchung der Kernaussagen bezüglich Schnittmengen fiel auf, dass das Nicht-Reagieren auf das Wandlungsgeschehen positiv mit dem Versuch der Aufrechterhaltung des strukturellen Ist-Zustandes korreliert, was eine gewisse normative Starre vermuten lässt, die durch bestehende Strukturen gestützt wird.

38 Der Ausdruck „Change" stammt aus dem Change-Management und meint den strategischen und strukturellen Wechsel, dem Unternehmen zur Anpassung an veränderte Rahmenbedingungen unterworfen sind.

7.3 Zusammenfassung

Die Synthese „Struktur“ nimmt also eine exponierte Stellung ein. Die in ihr enthaltenen Kernaussagen weisen auf strukturelle Schwächen der Musikschulen im Umgang mit der sich aus dem Wandlungsgeschehen ergebenden Komplexität und Dynamik hin. Ein Grund für diese Strukturschwäche könnte der schon beschriebene Strukturkonservatismus sein, der seinerseits ein Indiz für eine defizitäre normative Anpassung darstellen könnte. Der Bezugsrahmen von Bleicher ist ein adäquates Instrument, um derart gelagerte strukturelle Schwächen auszugleichen und zwar aus folgenden Gründen: *Erstens* sensibilisiert er Musikschulen für die ins Blickfeld gekommenen normativen Fragestellungen; *zweitens* weist der Bezugsrahmen einen Weg, der auch von Menschen engagiert beschritten werden kann, die im Zusammenhang mit der Forderung nach betriebswirtschaftlicher Professionalisierung den Begriff „Management“ eher negativ belegen würden;[39] *drittens* schafft der Bezugsrahmen durch seinen systemischen Bezug die Möglichkeit, Komplexität zu managen; *viertens* bietet er nach einer erfolgreichen Neuorientierung auf normativer Ebene die Option einer weiterführenden Implementation auf der strategischen und operativen Ebene, was *fünftens* die Basis für nachhaltiges, effektives und effizientes Wirtschaften schafft. Das sind fünf Gründe (Chancen), die dafürsprechen, die gewonnenen Erkenntnisse mit Hilfe des Bezugsrahmens im Spiegel des normativen Managements zu betrachten.

39 Normatives Management ist für Mitarbeiter und Organisation ein Selbstfindungsprozess, bei dem sie mit der philosophischen Seite des Managements in Berührung kommen. Dieser weiche Einstieg und die damit verbundene Horizonterweiterung legen den Grundstein für ein tieferes Verständnis der Fragen, die ein professionelles Management aufwirft.

8 Integration

Im vorigen Kapitel wurden Hinweise darauf gefunden, dass Musikschulen ihre Strukturen nicht ausreichend an die Umwelt anpassen. Dies könnte auf eine gewisse unternehmerische Trägheit (vgl. Abschnitt 6.4.2) zurückzuführen sein oder aber auch mit einem nicht zeitgemäßen Festhalten an traditionellen Wertvorstellungen der Hochkultur und den damit einhergehenden Verlustängsten zusammenhängen. Spätestens an diesem Punkt sollte man nicht mehr von *der* VdM-Musikschule und *dem* VdM-Musikschulleiter sprechen, sondern den Blick auf das unmittelbare Umfeld jeder einzelnen VdM-Musikschule und damit auf die Ängste, Sorgen und Nöte des jeweiligen Musikschulteams richten. Den für die betreffende Musikschule relevanten Wandel sollte man ganz „persönlich nehmen". Im Umkehrschluss kann man davon ausgehen, dass ein leitbild-initiierter Strukturwandel auf dem Top-down-Weg (VdM-Leitbild soll Musikschulverhalten ändern) wenig Wirkung zeigen wird, weil auf diesem Weg die jeweilige Situation in den Musikschulen vor Ort keine ausreichend differenzierte Betrachtung erfährt. Jede Schule weist ihre spezifische Umwelt-System-Differenz, Rechtsform, Finanzierungs- und Personalstruktur etc. auf. Die Modelle sind im normativen Gestaltungsprozess insofern hilfreich, als sie durch ihre strukturelle Klarheit einen Weg weisen und deren Output (Analyseergebnisse) wichtige Informationen zur innerschulischen Diskussion und Entscheidungsfindung liefert. Struktur und Analysematerial bringen den notwendigen Change in Gang. Die nun folgende Integration zeigt zwar exemplarisch die Chancen und Herausforderungen auf, die sich aus der Integration der Analyseergebnisse ergeben, will und kann aber keine unmittelbar strategisch verwertbaren Lösungsansätze für das Management einer bestimmten Musikschule anbieten. Dies wäre nur mit genauer Kenntnis der jeweiligen Sachlage möglich. Kapitel 8 dient somit ausschließlich der Beantwortung der wissenschaftlichen Fragestellung dieser Arbeit anhand ausgewählter Beispiele.

8.1 Bezugsrahmen als Metachance

Integration impliziert ein auf die Organisationsentwicklung zielendes, ergebnisoffenes und prozessorientiertes Einflechten der aus der Analyse gewonnenen Erkenntnisse und Fragestellungen in den normativen Kontext des Bezugsrahmens vor dem Hintergrund des schon beschriebenen systemischen Ansatzes.

> „Methodisch eignet sich das Verfahren [systemisches Management im Bezugsrahmen, Anmerkung des Verf.] vor allem für eine *Selbstreflexion* und die *Moderation* eines Dialogs unter den Beteiligten, die ihre eigene Wertung von Zielvorstellungen, der Ist-Situation und Rahmenbedingungen zu einer realistischen Zielrealisation im Dialog einbringen. Insofern stellt es eine *Provokation zu einem strukturierten Dialog*, der auf der Selbstreflexion der Beteiligten beruht, über grundlegende Fragen des Managements dar." (Bleicher 2011: 86; Hervorh. im Original)

Betrachtet man den Bezugsrahmen als Provokation zu einem strukturellen Dialog, stellt er gewissermaßen eine *Metachance* zur Lösung der sich aus dem Wandel ergebenden Aufgaben dar. In der erwähnten Selbstreflexion liegt – im Zusammenhang mit der sich aus der Analyse ergebenden Forderung nach einer normativen Neuausrichtung – ein innovatives Potenzial, das genügend Gestaltungskraft in sich trägt, um in einem partizipativen Prozess die Restrukturierung voranzutreiben.

Darüber hinaus bietet der Bezugsrahmen eine Struktur, die den Professionalisierungsbestrebungen der Musikschulen entgegenkommt, da sich die Schulen zunächst mit weichen Managementfaktoren auseinandersetzen, was den Einstieg erleichtert. Daher liegt im normativen Management prinzipiell eine Chance. Abbildung 10 zeigt den an Musikschulen angepassten normativen Bezugsrahmen.

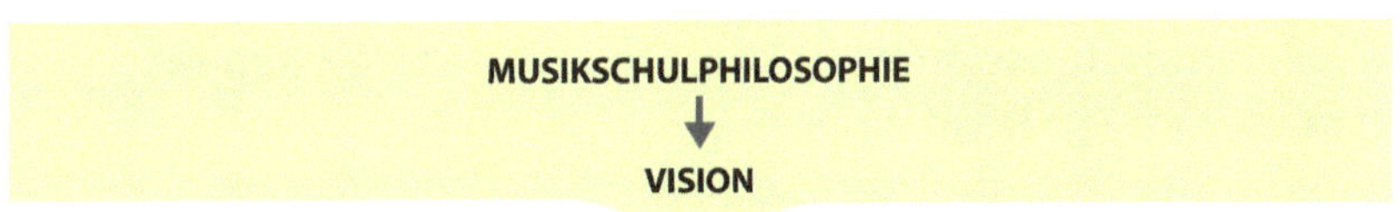

Abb. 10: Bezugsrahmen für normatives Musikschul-Management (vgl. Bleicher 2011: 96)

8.2 Musikschulphilosophie – Integration durch den Aspekt der normativen Positionierung

8.2.1 Theoretische Grundlagen zur Musikschulphilosophie

Normatives Management fußt auf einer Musikschulphilosophie sowie den sich daraus entwickelnden Visionen als Leitideen für das Management der Musikschule. Diese Leitideen darf man allerdings nicht als in Stein gemeißelte Gesetze betrachten. Ein möglichst fluides Rückkopplungsgeschehen zwischen Philosophie und der normativen Managementdimension hilft dabei, sich flexibel an die Umwelt und damit dem sozialen Wandel anzupassen. Geschieht dies nicht, riskiert man Orientierungslosigkeit und einen damit einhergehenden *Sinnverlust.*

Eine von Mitarbeitern getragene Philosophie ist ein Schutzschild gegen kurzatmigen Aktionismus und eine eindimensional gedachte Musikschulphilosophie. Eine Musikschulphilosophie wirkt gestaltend und lenkend und bietet der Musikschule in der Gegenwart mit Blick in die Zukunft und aufgrund von Erfahrungen aus der Vergangenheit das nötige organisationale Entwicklungspotenzial (vgl. Bleicher 2008: 87).

8.2.2 Ausgewählte Chancen und Herausforderungen im Rahmen der normativen Grundpositionierung (Musikschulphilosophie)

Es soll betont werden, dass an dieser Stelle keine Bedienungsanleitung zur Entwicklung einer Musikschulphilosophie angeboten werden kann. Es geht vielmehr darum, die sich aus dem Wandel ergebenden Chancen und Herausforderungen beispielhaft aufzuzeigen.

Eine erste große Herausforderung stellt die grundlegende Forderung Bleichers dar (vgl. Bleicher 2005: 178), die Entwicklung einer tragfähigen Unternehmenskultur vor dem Hintergrund eines holistischen Paradigmas als partizipativen Findungsprozess anzulegen. Um dieser Forderung gerecht zu werden, sollten drei Grundannahmen diesen Prozess begleiten:

Erstens ist von der konstruktivistischen Annahme auszugehen,

> „dass Menschen ihre soziale Welt in Interaktion miteinander herstellen und ihr so Sinn verleihen." (Hofmann 2012: 37)

Vor dem Hintergrund des besonderen Traditionsbezugs von Musikschulen und eventuellen sich daraus ergebenden Beharrungstendenzen soll *zweitens* von der Annahme ausgegangen werden, dass eine willentliche Beeinflussung von Prozessen, die einem Change entgegenstehen, grundsätzlich möglich ist, aber von teilweise hartnäckigen Veränderungsresistenzen begleitet sein kann.

Drittens kann man dem pluralistischen Ansatz nur dann gerecht werden, wenn alle, die es betrifft oder in Zukunft betreffen soll, im Rahmen der Entwicklung der Musikschulphilosophie zu Wort kommen.

Vor dem Hintergrund dieser Annahmen scheint eine weitere Herausforderung darin zu liegen, das Team der Musikschule zur aktiven Teilhabe an diesem Prozess zu motivieren und für die den Wandel betreffenden Themen zu sensibilisieren. Eine entsprechende Sensibilität kann über das Konzept der *Intersektionalität* erreicht werden, welches hier kurz vorgestellt werden soll. Die mit diesem Konzept verbundenen Perspektiven zielen grundsätzlich darauf ab,

> „die Wechselwirkung zwischen verschiedenen sozialen Kategorien […] und deren Bedeutung für ungleichheitsgenerierende Prozesse und Strukturen zu untersuchen. Sie gehen davon aus, dass soziale Kategorien wie z. B. Geschlecht, Klasse, Hautfarbe/Ethnizität […] nicht nur jeweils für sich wirksam werden können, sondern in verwobener Weise auftreten und sich wechselseitig verstärken, abschwächen und auch verändern können." (Eberherr 2012: 62)

Mit dieser Definition wird die Nähe zum systemischen Denken augenfällig und damit die Komplexität, die sich aus den sozialen Kategorien ergeben kann, aufgezeigt. Zur Erinnerung: Es geht in der Systemtheorie darum, das Komplexitätsgefälle zwischen System und Umwelt abzubauen. In diesem Bemühen kann es jedoch zunächst zu einer Komplexitätssteigerung (Entwicklung der Musikschulphilosophie) kommen (siehe Abschnitt 2.3.3). Alle am Change teilhabenden Musikschulmitarbeiter sind über die Intersektionalitäts-Perspektive dazu eingeladen, sich der eigenen, vielleicht sogar tief sitzenden, Stereotypisierungen bewusst zu werden und diese im Team zu reflektieren. Im Rahmen der Entwicklung der Musikschulphilosophie sollten daher folgende relevante soziale Kategorien differenziert betrachtet werden: *Klasse, Bildung, Herkunftsland, Kultur* und *Geschlecht.* Es ergeben sich aufgrund der Betrachtung dieser Kategorien für Musikschulen Themen, über die diskutiert und Konsens hergestellt werden sollte.

Aus der Betrachtung der sozialen Kategorien und der damit verbundenen Themen wie Bildungsbürgertum, Bildungsbarrieren, kulturelle Identität etc. wird der Bezug zum sozialen Wandel hergestellt. Die Synthesen mit den jeweils hinterlegten Kernaussagen können thematisch aufgegriffen, diskutiert und auf Relevanz geprüft werden. Auch in diesem Fall sollte das Team in regem Austausch zu einer tragfähigen Schnittmenge finden. Dieser schulinternen Sensibilisierungsphase sollte genügend Raum und Zeit gegeben werden.

Nach dieser Phase könnte man den Blick auf die sozialen Ebenen richten und die ausgearbeiteten Intersektionalitäts-Perspektiven und hergestellten Schnittmengen zum sozialen Wandel im Kontext der sozialen Ebenen betrachten. Auf der Makro-Ebene liegen Leitbilder und Erklärungen des VdM vor, deren Inhalte genauso besprochen werden sollten wie beispielsweise aktuelle kulturpolitische Themen auf der Meso-Ebene (Regionalpolitik). Auf der Mikroebene kann man von Schülern, Eltern sowie ortsansässigen Musikern und Künstlern über Fragebögen, Diskussionsrunden etc. Meinungen einholen.

Im Grunde geht es in dieser zweiten Phase darum, die Interessenlage aller relevanten Stakeholder abzufragen, um einen Interessenausgleich zwischen In- und Umwelt der Musikschule zu erreichen. Auf welche Instrumente eine Musikschule im Rahmen dieser sogenannten Situationsanalyse zurückgreift und in welchem Umfang dies geschieht, hängt von Faktoren wie der Größe der Musikschule, der Anzahl der Lehrkräfte, der Schülerzahl etc., aber natürlich auch von den zur Verfügung stehenden Finanzmitteln ab. Man sollte jedoch stets den Aufwand im Verhältnis zum Nutzen im Blick behalten.

Die Notwendigkeit der Teilhabe aller Mitarbeiter an diesem Prozess kann nicht stark genug betont werden. Aus ihr ergibt sich unter anderem die Chance zur Identitätsfindung und -entwicklung für Mitarbeiter und Musikschule. Das Ziel liegt letztlich im Herstellen eines Konsenses, auf dessen Basis Aussagen zum Sinn der Musikschule, der eigenen Tätigkeit und der zu erbringenden Dienstleistung gemacht werden können. Diese Vorgehensweise hilft wie erwähnt bei der Identitätsbildung und legt den Grundstein für die Legitimation der Musikschule. Ressourcenfragen (außer vielleicht personalpolitische) oder allgemein sachdominante Themen sollten zu diesem Zeitpunkt eher nicht thematisiert werden. Ist die Musikschulphilosophie erst einmal in Worte gefasst, macht es Sinn, ihr über eine ausformulierte *Vision* einen Zukunftsbezug zu verleihen.

8.2.3 Anmerkungen zur Musikschulvision

Die entwickelte Musikschulphilosophie bildet die Basis zur Entwicklung einer Musikschulvision, die man als Substrat der Musikschulphilosophie bezeichnen könnte.

> „Für das Wesen einer Vision mag gelten, dass sie Richtungen weist. Es sind nicht die Grenzen, die sie setzt, die ihr Wesen bestimmt, sondern es ist das, was sie ins Leben ruft, nicht in dem, was sie abschließt, in den Fragen, die sie aufwirft, nicht in den Antworten, die sie für diese findet. Richtungen sind ihrem Wesen nach unbegrenzt und münden ins Unendliche. Jede wirkliche Vision weist offene Richtungen und schließt nichts innerhalb ab; sie ist unberührt und unbegrenzt durch materielle Gesichtspunkte. Deshalb vermag sie überall konkrete Gestalt zu gewinnen." (Hinterhuber 1996: 41, zit. n. Bleicher 2011: 109)

Eine Musikschulvision projiziert ein Wunschbild in die Zukunft, das auf die In- und Umwelt der Musikschule strahlt und langfristig den allgemeinen Kurs vorgibt. Die Vision stellt den Leitstern für das normative Management der Musikschule dar (vgl. Bleicher 1994: 115). Die Vision kann in ihrer Leitfunktion Kräfte bündeln; sie beleuchtet den zurückzulegenden Weg gleichsam mit sinnhaftem Licht, so dass er von jedem Mitarbeiter beschritten werden kann. Dies hilft, auch in turbulenten Zeiten den neuen Kurs zu halten. Ergänzend sei gesagt, dass Musikschulen ihre Philosophie und Vision auf diesem Weg aus eigener Kraft über einen Bottom-up-Prozess entwickeln und damit – im Gegensatz zu dem versuchten Top-down-Prozess (Vorgaben des VdM werden über die Musikschulleitung installiert) – über bedeutend mehr Stoßkraft verfügen. Zudem läge damit dem VdM eine sofort operationalisierbare Strategie vor.

8.3 Musikschulverfassung – Integration in die Dimension des normativen Managements durch den Aspekt *Struktur*

8.3.1 Theoretische Grundlagen zur Musikschulverfassung

Die Vorgaben aus der Musikschulphilosophie schlagen sich im Sinne eines vernetzten Systems reflexiv auf die Schulverfassung nieder – ebenso wie umgekehrt die Musikschulverfassung an die Schulphilosophie gekoppelt ist. Im Rahmen des pluralistisch ausgerichteten Stakeholder-Ansatzes (im Gegensatz zum opportunistischen Ansatz) werden die gemäß der Musikschulverfassung zu erstellenden Regelwerke an der Interessenlage der In- und Umwelt der Musikschule ausgerichtet (z. B. Richtlinien des VdM). In Anbetracht der Tatsache, dass die Musikschulpolitik darauf ausgerichtet ist, einen Nutzen für die Stakeholder zu erzeugen, müssen sich die dafür relevanten Voraussetzungen auch in der Verfassung widerspiegeln.

> „Eine Unternehmungspolitik wird getragen von jeweils einem *‚harten' Gestaltungsaspekt* in Form […] der *Unternehmungsverfassung*, die eine normierende, formale Rahmenordnung für die Zielfindung und den Interessenausgleich zwischen Um- und Insystem sowie für interne Auseinandersetzungen bei der ökonomischen und sozialen Zieldefinition und -realisation vorgibt [.]" (Bleicher 2011: 153; Hervorh. im Original)

Bleicher bezeichnet die Gestaltungsaspekte der Unternehmungsverfassung – im Gegensatz zu den *weichen* der Unternehmungskultur – als *hart,* weil die Verfassung eine Sammlung von Grundsatzentscheidungen über die gestaltete Ordnung des Unternehmens als verbindliche Normen formuliert. Unter Berücksichtigung der Rechtsform des Unternehmens und sonstiger Normen könnte man die Unternehmensverfassung als Grundgesetz des Unternehmens und damit als generell zu respektierenden Verhaltensrahmen verstehen (vgl. Bleicher 2011: 183). Die Unternehmensverfassung wird in den *Statuten* schriftlich festgelegt. Diese normativen Regelwerke wirken auf alle Funktionsbereiche des Unternehmens.

8.3.2 Ausgewählte Chancen und Herausforderungen im Spiegel der Musikschulverfassung

Eines der wohl wichtigsten Statuten für Musikschulen sind die Richtlinien des VdM. In diesen Richtlinien werden unter anderem auch die Aufgaben der Musikschulen beschrieben. Im Rahmen der Aufgabenbeschreibung finden Themen wie kulturelle Vielfalt, Inklusion oder allgemein Diversität mit keinem Wort Erwähnung. Erwähnt wird aber, dass Musikschulen der Begabtenfindung und -förderung (Exklusion) dienen (vgl. Verband deutscher Musikschulen 2011: 1). Vor dem Hintergrund des aktuellen Leitbilds, in dem man sich zur Inklusion in Anspruch und Aufgabe bekennt (vgl. Verband deutscher Musikschulen 2015c: 2), tritt eine Diskrepanz zwischen inhaltlichen Aussagen der Richtlinien (normatives Regelwerk der Verfassung) und dem kommunizierten Leitbild zutage, die die Glaubwürdigkeit des Verbandes und seiner Musikschulen in Frage stellen könnte. An diesem Beispiel soll aufgezeigt werden, wie wichtig eine gewissenhafte normative Positionierung ist und welche Gefahren sich aus einem inkonsequenten normativen Management ergeben können. Die Herausforderung liegt hier in einer über ein professionelles normatives Management gesteuerten Synchronisierung aller normativen Aussagen sowohl auf Verbands- als auch auf Musikschulebene.

8.4 Musikschulkultur – Integration in die Dimension des normativen Managements durch den Aspekt *Verhalten*

8.4.1 Theoretische Grundlagen zur Musikschulkultur

Eine Musikschule kann sich nicht für oder gegen ihre Kultur entscheiden. Musikschulkultur ist immer präsent. Boos/Mitterer schreiben dazu (2014: 58):

> „Kultur ist – wie das Wetter – ein differenzloser Begriff."

In der Musikschulkultur kommen die Werte und Normen im Gegensatz zur *expliziten* Musikschulverfassung *implizit* zum Ausdruck. Werte und Normen beeinflussen das Verhalten der Mitarbeiter und

> „helfen, Informationen, Politiken, Strukturen, Systeme und Träger auszuwählen und prägen unterstützendes und ablehnendes Verhalten als Einfluss auf die Unternehmungsentwicklung." (Bleicher 2011: 223)

Die Musikschulphilosophie kann die Musikschulkultur erhellen und prägen. Sie stellt für Führungskräfte eine Wertequelle dar, aus der sich ihr Verhalten nährt. Vorbild und Vorleben sind für Schulleiter der Königsweg, wenn es darum geht, in der Musikschule Werte und Haltungen zu vermitteln, nach denen Mitarbeiter implizit ihr Verhalten ausrichten. Bleicher (2011: 227) empfiehlt gestalterische Maßnahmen zur Entwicklung von Unternehmenskulturen. Es sollten *erstens* in den Unternehmungen kleine, räumlich zusammenhängende Organisationseinheiten gebildet werden, *zweitens* Gruppen mit geringer Fluktuation kontinuierlich zusammenarbeiten, *drittens* Beförderungen aus den eigenen Reihen kommen und *viertens* eine Kontinuität sowie eine starke Führung vorliegen.

Obwohl das Netz der Musikschulkultur durch einen schwer zu definierenden Organisationsgeist getragen und durch primär informelles Lernen gesponnen wird, sollten die sich aus der Schulphilosophie ergebenden grundlegenden Wertehaltungen unter Berücksichtigung des auf alle Bereiche wirkenden gesellschaftlichen Wertewandels als Quintessenz der Musikschul-Kulturpolitik in einem *Kodex* schriftlich fixiert werden – wohlwissend, dass ein Kodex die gelebte Kultur der Musikschule nur in Grundzügen und als Verhaltens-Soll beschreiben kann. Wichtig ist hierbei nicht in erster Linie der Kodex an sich, sondern eher der partizipative Prozess, über den eine

Musikschule zu diesem Kodex findet und diesen danach in regelmäßigen Intervallen aktualisiert.

8.4.2 Ausgewählte Chancen und Herausforderungen im Spiegel der Musikschulkultur

Will eine Musikschule sich im Bereich ihrer Musikschulkultur neu aufstellen, müssen zu erwartende Widerstände der Mitarbeiter erstens einkalkuliert und zweitens ernst genommen werden. Eine gesunde und vitale Musikschulkultur, die allen Mitarbeitern Raum zur persönlichen Entfaltung lässt, trägt hohes Produktivitäts- und Innovationspotenzial in sich und wirkt sich positiv auf alle Subsysteme der Musikschule aus. Die sich aus dem Wandel ergebende Herausforderung liegt darin, dass eine Musikschule prinzipiell auf den Gleichschritt mit ihrer Umwelt achten sollte, um einem Kulturgefälle zwischen In- und Umwelt vorzubeugen. Relevante Auswirkungen des sozialen Wandels werden auf diesem Weg im Idealfall antizipiert, um trotz der Masseträgheit des eigenen Systems Schritt halten zu können. Die sich daraus ergebende Chance liegt in einem strukturierten und stabilen Gleichschritt zwischen der kulturellen Umweltsphäre und der Inwelt. Die Effekte einer gelebten Musikschulkultur sind vielfältig. Beispielsweise ist eine intakte Kultur eine probate Prophylaxe gegen die erwähnte Gefahr, die sich aus einem vernetzungs- und kooperationsbedingten Identitätsverlust (siehe Abschnitt 6.3.2.3) ergibt.

8.5 Musikschulpolitik – Integration in die Dimension des normativen Managements durch den Aspekt *Aktivität*

8.5.1 Theoretische Grundlagen zur Musikschulpolitik

Im Konzept des integrierten Managements dehnt Bleicher (1994: 121) den Begriff Politik auf nicht staatlich- und gesellschaftsbezogene menschliche Aktivitäten aus und zwar in dem Sinn, dass Zielsetzungen und Mittelverwendungen konstitutive Elemente einer jeden Politik sind. Bleicher (1994: 122) postuliert als politische Leitmaxime, dass man das Unmögliche verlangen muss, um das Mögliche zu erreichen. Zu den Aufgaben, die der Unternehmenspolitik zukommen, schreibt er (2011: 153; Hervorh. im Original):

> „Die *Unternehmungspolitik*, der die prinzipielle Aufgabe zufällt, eine *Harmonisation externer*, zweckbestimmender Interessen an der Unternehmung und *intern* verfolgter Ziele vorzunehmen, um einen ‚fit' – ein im Zeitablauf sich veränderndes ‚Fließgleichgewicht' […] – zwischen Um- und Inwelt einer Unternehmung zu erreichen, das langfristig die *Autonomie* des Systems gewährleistet."

Die Möglichkeit der autonomen Entscheidungsfindung ist von existenzieller Bedeutung für eine konstruktive Unternehmensentwicklung. Bleicher (2011: 162) erwähnt explizit die *Sinnautonomie* als Voraussetzung zur Ausdifferenzierung spezifischer Wertesysteme. Dabei stellen konfliktäre Interessenlagen im Bemühen um Gleichtakt zwischen Innen- und Außenpolitik hohe Anforderungen an das Management.

8.5.2 Ausgewählte Chancen und Herausforderungen im Spiegel der Musikschulpolitik

Gerade für Musikschulen, die sich aufgrund ihres gesellschaftlichen Auftrages oftmals in konfliktären Entscheidungsfindungsprozessen[40] wiederfinden, ist ein stabilisierendes und von allen Stakeholdern getragenes Wertesystem von existenziell wichtiger Bedeutung. Daher ist es notwendig, dass auf eine

40 Spannungsfelder: Tradition und Innovation, Vielzahl von Handlungsfeldern und zur Verfügung stehende Ressourcen, professionelles Management und pädagogisch-künstlerische Ausrichtung etc.

erste normative Selbstfindungsphase und die damit verbundene Leitbildformulierung (siehe Abbildung 11 auf Seite 113) eine Stabilisierungsphase folgt, um das neue Wertesystem der Inwelt mit dem der Umwelt zu verzahnen. Insbesondere aus der Synchronisation mit der politischen Sphäre auf der Meso-Ebene können sich hierbei im Hinblick auf Legitimation und Ressourcen Entwicklungschancen ergeben. Die Herausforderung liegt in der Schaffung von Netzwerken (siehe Abschnitt 6.5.1), die Musikschulen den permanenten Austausch mit politisch Verantwortlichen ermöglichen. Weitere Herausforderungen der Musikschulpolitik liegen in der kulturellen und wirtschaftlichen Sphäre der Meso-Ebene. Eine entsprechende Vernetzung mit den regionalen Bildungs- und Kulturinstitutionen (siehe Abschnitte 6.3.2.1 u. 6.3.2.2) kostet zwar Zeit, kann aber auf dem gesellschaftspolitischen Legitimationskonto ins Haben gebucht werden. Eine große grundsätzliche Herausforderung in der wirtschaftlichen Sphäre ergibt sich aus dem Konflikt, der aus der politischen Forderung des normativen Managements nach Systemautonomie hinsichtlich der Ressourcenpolitik erwächst. Musikschulen werden in Sachsen-Anhalt zu 71,71 % (vgl. Verband deutscher Musikschulen 2015a: 217) über staatliche Fördergelder finanziert und können aufgrund dieser Abhängigkeit keinesfalls autonom handeln. Aus systemischer Sicht wäre es dringend geboten, diese Abhängigkeit durch einen Ausbau der Innenfinanzierung zu entschärfen. Man muss mit der Möglichkeit rechnen, dass irgendwann Kürzungen der Fördergelder ins Haus stehen (siehe Abschnitt 6.1.1). Eine strategisch fundierte Antizipation dieses Szenarios setzt musikschulpolitische Grundsatzentscheidungen struktureller Art voraus, die als *Missionen* formuliert werden und deren Konzeption und Realisation sicherlich eine der größten Herausforderungen für Musikschulen darstellen.

8.5.3 Anmerkungen zu Musikschulmissionen

Autonome Entscheidungen, die richtungsweisenden Charakter haben, werden in sogenannten *policies* schriftlich fixiert.

> „Ergebnisse des politischen Prozesses der Unternehmung sind sogenannte ‚policies', die das strategische und operative Verhalten in eine Richtung lenken sollen, die der Realisierung einer erstrebten Vision entspricht. Diese stellen in grundsätzlicher und umfassender Form Vorgaben für den Vollzug von Aktivitäten dar. Als Ergebnis politischer Prozesse des Interessenausgleichs, die durch die Unternehmungsverfassung reguliert

und durch die Unternehmungskultur verhaltensmäßig getragen werden, können sie als ‚Missionen' für die Unternehmensentwicklung bezeichnet werden." (Bleicher 2009: 97)

Themen solcher „policies" (deutsch: Missionen) sind beispielsweise die grundsätzlichen Inhalte einzelner Programme (erstrebenswerte Positionierungen, Funktionsprogramm und Ressourcenentwicklung) und Angaben zu Struktur- und Verhaltensänderungen (vgl. Bleicher 2009: 104f.). Missionen kann man als Credo der mittelfristig gedachten Unternehmungspolitik verstehen.

> „Missionen als ‚output' des unternehmungspolitischen Systems sollen eine *generelle Zielausrichtung* und eine *Grundorientierung* für das strategische und operative Management vermitteln." (Bleicher 2011: 164; Hervorh. im Original)

Missionen haben im Unterschied zur philosophisch ambitionierten Vision einen eher politisch-pragmatischen Charakter. Missionen schlagen die Brücke von der normativen zur strategischen Dimension. Die Missionen einer Musikschule sollten den allgemeinen Anforderungen an eine professionelle Zielformulierung entsprechen[41] und richtungsweisenden Charakter in sich tragen.

8.5.4 Anmerkungen zum Leitbild einer Musikschule

Die ausformulierten Missionen fließen als aktivitätsbetonendes *Mission-Statement* der Musikschulpolitik – ebenso wie die strukturformenden *Statuten* der Musikschulverfassung und der verhaltenssteuernde *Kodex* der Musikschulkultur auf der Grundlage der Musikschulphilosophie – in das *Leitbild* der Musikschule ein. Auf diesem Weg entsteht ein Leitbild mit Orientierung gebender Aussagekraft, das zur Identität und Legitimation der Musikschule beiträgt und ihre gesellschaftliche Bedeutung unter Berücksichtigung des sozialen Wandels hervorhebt. Da aus dem Bezugsrahmen Bleichers der Prozess zur Leitbildentwicklung nicht klar erkennbar hervorgeht, soll Abbildung 11 diesen Vorgang in Form von Regelkreisen der In- und Umwelt verdeutlichen.[42]

41 Ein unkomplizierter Weg, Zielformulierungen zu strukturieren, ist die S.M.A.R.T.-Methode.

42 Man beachte dabei die Rückkopplung des Leitbildes über Um- und Inwelt zur Musikschulphilosophie. Streng genommen ist nach Etablierung der Struktur die Interpunktion uner-

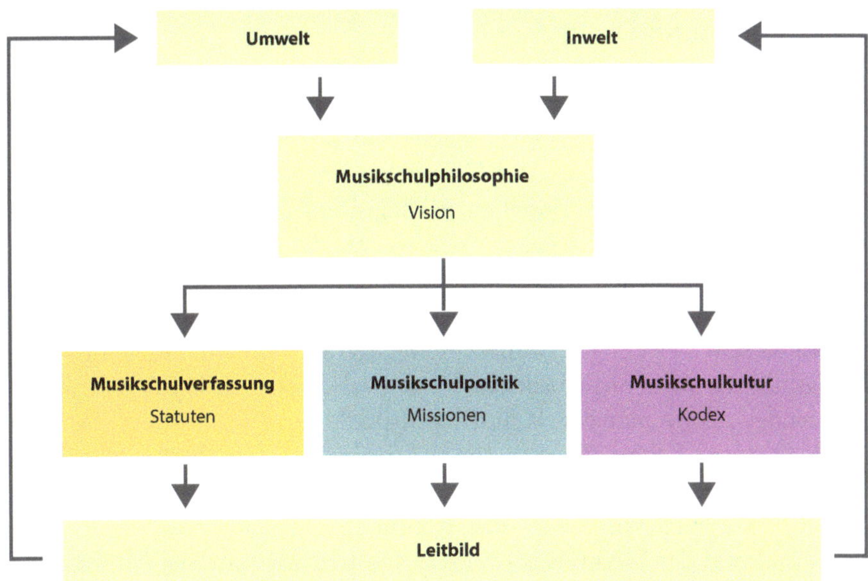

Abb. 11: Regelkreise zur Leitbildentwicklung

heblich. Ein Impuls aus der Umwelt verändert im vernetzten System letztlich das Leitbild ebenso wie beispielsweise Änderungen in der Musikschulkultur.

8.6 Zusammenfassung

Für einen Leser ohne betriebswirtschaftliche Grundkenntnisse stellt die Lektüre dieses Kapitels wahrscheinlich eine Herausforderung dar. Darin liegt unter Umständen auch der Grund, warum viele Musikschulen nicht den Weg zu einem professionellen Management finden. Die Sprache des Managements will genauso gelernt sein wie die der Musik. Ein Betriebswirt kann ebenso wenig das Dirigat eines Orchesters übernehmen wie ein Musiker ein Wirtschaftsunternehmen leiten kann. Um den jeweiligen Anforderungen gerecht zu werden, erfordert es Wissen und Können. Der vorgestellte Bezugsrahmen stellt für Musikschulleiter und deren Lehrkräfte ein neu zu erlernendes Instrument dar. Will die Musikschule es beherrschen, benötigt sie einen guten Lehrer (Coach) sowie Motivation. Mit Fleiß und Übung wird jede Schule dieses anspruchsvolle Instrument zum Erklingen bringen. Dies ist keine Frage von Kunst oder Kommerz, es ist eine Frage des Fleißes, der Mittel und der Methoden. Im kreativen Umgang mit den Mitteln und den Methoden liegt die Kunst des Managements.

9 Fazit und Ausblick

„Dann wird uns nämlich klar, daß [!] das Halten von Vorträgen, das Schreiben von Büchern [...] kein Problem löst, sondern ein Problem erzeugt: nämlich zu ermitteln, in welchen Zusammenhängen diese Dinge so wirken, daß [!] sie in den Menschen, die sie wahrnehmen, neue Einsichten, Gedanken und Handlungen erzeugen."

Heinz von Förster (1999: 5)

Die Frage, ob diese Arbeit zu neuen Erkenntnissen, Gedanken und Handlungen führt, ist an dieser Stelle schon deshalb nicht zu beantworten, weil jeder Mensch aus systemischer Sicht operativ geschlossen zu seinen Erkenntnissen gelangt und daher ein bestimmter Input (neue Erkenntnisse aus dieser Arbeit) den Output (Handlungen) nicht determiniert.

Dass im Spiegel des normativen Managements für Musikschulen in einer sich verändernden Umwelt Chancen und Herausforderungen zum Vorschein kommen, wurde spätestens in Kapitel „Integration" deutlich und kann als neue Erkenntnis gewertet werden. Dass sich die vorgestellten Modelle als hilfreiche Instrumente zeigten, ist ebenfalls eine neue Erkenntnis. Dass die hinterlegte Systemtheorie bei der Modellbildung und bei der konzeptionellen Umsetzung dieser Arbeit einen praxistauglichen wissenschaftlichen Rahmen gab, kann man als Erkenntnis werten. Ob die hier niedergeschriebenen Gedanken zu Handlungsänderungen führen, kann aus dem oben beschriebenen Grund nicht beurteilt werden. Es wäre aber wünschenswert.

Dass es möglich war, im Kapitel „Synthese" über die Bildung von Kernaussagen und deren Verdichtung zu vier Schlüsselwörtern (Ressourcen, Legitimation, Identität und Struktur) zu gelangen, ist vor allem auf die strukturierte Vorgehensweise über Modelle und die zugrundeliegende Systemtheorie zurückzuführen. Dass „Struktur" unter den vier Synthesen eine zentrale Rolle einnimmt, ist für Führungskräfte im Musikschulwesen vielleicht keine neue Erkenntnis, aber die über den Bezugsrahmen zum Vorschein kommende Tragweite unter Umständen schon. Ein Blick durch die Brille der Systemtheorie macht klar, dass das autopoietische, operativ geschlossene System „Musikschule" autonom operieren können muss, gleichzeitig aber ohne strukturelle Anpassungen an die Umwelt nicht überleben kann.[43] Kurz gesagt: Musikschulen können und sollen im Rahmen ihrer operativen Schließung autonom handeln – jede einzelne für sich. Für das Überleben des Systems „Musikschule" ist es wichtig, Grenzen zu definieren und damit strukturelle Integrität und organisationale Identität zu schaffen. Die systemimmanenten Strukturen müssen aber im Stande sein, das Komplexitätsgefälle zur Umwelt zu reduzieren. Geschieht dies nicht, kann dies eine Quelle für viele Probleme sein. Bei anpassungsfähigen Systemen wird der soziale Wandel (Umwelt) als innovativer Reiz aufgefasst; er ist Motor einer kontinuierlichen organisationalen Entwicklung. Das normative Management und die damit verbundenen Modelle (insbesondere der Bezugsrahmen) bieten Strukturen, die einen fluiden Austausch mit der Umwelt fördern, wodurch die dem Wandel innewohnenden Chancen und Herausforderungen genutzt werden können. Zum Schluss sollen fünf Thesen dazu einladen, den Blick auf den normativen Horizont zu richten:

These 1: Kulturelle Vielfalt ist die Leitkultur in Deutschland

Die traditionelle Leitkultur mit dem impliziten Wahlspruch „One size fits all" ist im Migrationsdeutschland vor dem Hintergrund der kulturellen Globalisierung nicht mehr zeitgemäß. Die schleichende Erosion althergebrachter Wertvorstellungen schafft Raum für eine pluralistische divers gedachte Gesellschaftsarchitektur. Erste Vorboten sind die Inklusionspolitik und die regen Aktivitäten im Bereich der kulturellen Vielfalt. Wer allerdings annimmt, die über Jahrzehnte bestehende kulturpolitische Diskriminierung der türkischen, russischen oder afrikanischen Bevölkerung in Deutschland durch eine politisch zwangsverordnete Inklusion – die deutsche Kultureinrichtungen nötigt, mit offenen Armen „Willkommen, kulturelle Vielfalt!" zu rufen – zu einer Spontanversöhnung historisch stark belasteter und kulturell heterogener Beziehungen bewegen zu können, unterliegt einem doppelten Eurozentrismus. Das eurozentristische Hochkulturdenken ist die eine Sache. Die andere ist der Hochmut, anzunehmen, dieser verordnete Sinneswandel ziehe andere Kulturen magnetisch zu unseren Kulturstätten. Dieser Hochmut birgt allein schon aufgrund des möglichen Szenarios, dass der Willkommensruf nicht den erwarteten Widerhall findet, die Gefahr einer

43 Vgl. Haselbach et al. (2012: 64) „Strukturen verkörpern auch Werte. Also müsste eine zukunftsfähige Kulturpolitik nicht nur die Strukturen, sondern auch die zu pflegenden Werte überdenken und beide in ein neues Verhältnis zueinander setzen."

„Verschlimmbesserung“ in sich. Der notwendige Brückenschlag kann nur gelingen, wenn sich Bildungs- und Kulturinstitutionen und damit auch die Musikschulen am Aufbau von inklusiver Kompetenz[44] und dem Abbau der bestehenden Barrieren mit proaktiven Plänen für die Erhöhung der Teilhabe im Sinne einer positiven Diskriminierung einsetzen.[45]

These 2: Abhängigkeiten behindern autonomes Handeln
Die Möglichkeit der autonomen Entscheidungsfindung ist von existenzieller Bedeutung für eine konstruktive Musikschulentwicklung und Voraussetzung für die Ausdifferenzierung eines spezifischen Wertesystems jeder Musikschule. Eine öffentliche Musikschule muss in der Lage sein, die konfliktären Interessenlagen ihrer Anspruchsgruppen in ihrem Sinn auszugleichen. Dies ist in der momentanen Situation nur bedingt möglich. Abgesehen davon, dass das latente Bangen um Fördergelder Energien verbraucht, die dringend zur Innovation benötigt werden, führt die mit der meritorischen Privilegierung einhergehende Diskriminierung[46] und Marktpreisverzerrung[47] zu nicht mehr enden wollenden Diskursen über Legitimation in der Förderpolitik, deren rechtliche Grundlage von privatwirtschaftlichen Musikschulen zurzeit geprüft wird. Autonomie erlangen die öffentlichen Musikschulen in diesem Thema auf zwei Wegen: *Erstens* müssen sie spürbar ihre Innenfinanzierung verstärken, und *zweitens* ist ihnen geraten, Brücken zu schlagen statt Grenzen zu ziehen. Es ist sinnvoll, die bevorstehenden Aufgaben gemeinsam mit allen „Kollegen“ – also auch den privatwirtschaftlichen – nachhaltig und gesellschaftspolitisch verantwortungsvoll zu lösen. Insbesondere vor dem Hintergrund einer inklusiven Gesellschaftsarchitektur erscheint jede Form der Exklusion, jede Betonung des Trennenden, kontraproduktiv. Gemeinsames Handeln erzeugt über strategische Allianzen mehr Stoßkraft in der kulturpolitischen Debatte und führt damit letztlich auch zu einem Mehr an Unabhängigkeit.

44 Zum Beispiel über Diversity-Training und -Beratung (vgl. Bendl et al. 2012: 13), insbesondere den Aufbau von Wissen bezüglich Auf- und Abwertungsmechanismen (vgl. Hofmann 2012: 24).

45 Bendl et al. (2012: 12) treffen sinngemäß diese Aussage im Rahmen der Beschreibung des „Affirmative Action Program“.

46 Mit einer Subvention einer bestimmten Leistung ist immer auch eine positive Wertung dieser Leistung und über den Ausschluss unterschwellig eine Negativbewertung der nicht subventionierten Leistung verbunden.

47 Die Gefahr der Verarmung der freiberuflichen Musiklehrer aufgrund des künstlichen Marktpreises von Musikunterricht wurde in Abschnitt 6.4.4 erläutert.

These 3: Engagement schafft Legitimation
Die aktuell anhaltende Flüchtlingswelle stellt Deutschland vor eine große Herausforderung. Soziales Engagement formiert sich über Flüchtlingsnetzwerke und leistet – teilweise unter großem persönlichen Einsatz der Bürger – einen wichtigen Beitrag zur Entschärfung dieser kritischen Situation. Vor dem Hintergrund der Potsdamer Erklärung sollte man vermuten, dass öffentliche Musikschulen in diesen Netzwerken mitarbeiten und dabei helfen, kulturelle Brücken zu den angekommenen Flüchtlingen zu schlagen. Unter dem Label „Musik verbindet" könnten Musikschulen Flüchtlinge zu Singkreisen einladen, Kurse wie „Sprache lernen mit Musik" anbieten oder Willkommenskonzerte veranstalten. Musikschulen können auf diesem Weg als öffentlich geförderte Institutionen soziokulturelles Verantwortungsbewusstsein zeigen – ein Verantwortungsbewusstsein, das in den Kultur-, Sozial- und Innenministerien mehr als wohlwollend wahr- und von den betroffenen Flüchtlingen dankbar angenommen werden würde.

These 4: Leitbilder sind keine Strategien
Viele öffentliche Musikschulen können dem Leitbild ihres Verbandes nicht gerecht werden. Dies kann viele Gründe haben. Ein Grund dafür liegt vielleicht in der Annahme des VdM, ein Leitbild könne im Top-down-Prozess ohne adäquate Strategie in die Musikschulen vor Ort transportiert werden. Ein Lösungsansatz wäre eine als Bottom-up-Prozess angelegte normative Neuausrichtung jeder einzelnen VdM-Musikschule und die Entwicklung eines pluralistisch ausgerichteten Gegenstromverfahrens zwischen Musikschulen und VdM.

These 5: Musik ist mehr…[48]
Musiker sind die *emotional hörende* Minderheit in einer *rational sehenden* Gesellschaft. Aber das Ohr ist es, das sich als erstes Sinnesorgan im Mutterleib bildet, und das Ohr ist es, das auf dem Sterbebett als letztes Sinnesorgan seine Funktion einstellt.[49] „Ich höre – also bin ich" schreibt Joachim Ernst Behrend 1989 auf den Titel seines Buches und weist damit Musikern und Musikschulen einen Horizont, dessen visionäre Gestaltungskraft dem Alltäglichen Größe und Sinn verleihen kann.

48 So lautet der Refrain eines Songs des saarländischen Nachwuchsmusikers und zukünftigen Musiklehrers (für allgemeinbildende Schulen) Steffen Jung.

49 Christian Höppner (2014: 1) erwähnt dies in seinem „editorial" „Musik und Identität".

Literaturverzeichnis

Aburdene, Patricia (2008): Megatrends 2020. Sieben Trends, die unser Leben und Arbeiten verändern werden!. Kamphausen Verlag, Bielefeld.

Baumfeld, Leo/Hummelbrunner, Richard/Lukesch, Robert (2009): Instrumente systemischen Handelns. Eine Erkundungstour. Rosenberger Fachverlag, Leonberg.

Bendl, Regine/Hanappi-Egger, Edeltraud/Hofmann, Roswitha (Hrsg.) (2012): Diversität und Diversitätsmanagement: Ein vielschichtiges Thema. In: Bendl, Regine/Hanappi-Egger, Edeltraud/Hofmann, Roswitha (Hrsg.) (2012): Diversität und Diversitätsmanagement. Facultas Verlag, Wien. S. 11–21.

Berendt, Joachim-Ernst (1989): Ich höre – also bin ich. Hör-Übungen, Hör-Gedanken. Hermann Bauer Verlag, Freiburg im Breisgau.

Bleicher, Knut (1994): Normatives Management. Politik, Verfassung und Philosophie des Unternehmens. Campus Verlag, Frankfurt am Main.

Bleicher, Knut (2005): Management im Wandel. In: Christian Abegglen (Hrsg.): Meilensteine der Entwicklung eines Integrierten Managements. Swiridoff Verlag, Künzelsau.

Bleicher, Knut (2008): Strukturen und Kulturen der Organisation im Umbruch. In: Christian Abegglen (Hrsg.): Meilensteine der Entwicklung eines Integrierten Managements. Swiridoff Verlag, Künzelsau.

Bleicher, Knut (2009): Normatives und strategisches Management in der Unternehmensentwicklung. In: Christian Abegglen (Hrsg.): Meilensteine der Entwicklung eines Integrierten Managements. Swiridoff Verlag, Künzelsau.

Bleicher, Knut (2011): Das Konzept Integriertes Management. Visionen – Missionen – Programme. 8. Auflage. Campus Verlag, Frankfurt am Main.

Boos, Frank/Mitterer, Gerald (2014): Einführung in das systemische Management. Carl-Auer Verlag, Heidelberg.

Deutscher Städtetag (Hrsg.) (2013): Statistisches Jahrbuch Deutscher Gemeinden. 100. Jahrgang 2013. Deutscher Städtetag, Berlin.

Dubs, Rolf/Euler, Dieter/Rüegg-Stürm, Johannes/Wyss, Christina E. (2004): Einführung in die Managementlehre. Band 1, Teile A–E. Haupt Verlag, Bern/Stuttgart/Wien.

Dubs, Rolf (2012): Normatives Management. Ein Beitrag zur einer nachhaltigen Unternehmensführung und -aufsicht. 2. Auflage. Haupt Verlag, Bern.

Eberhardt, Michael (2007): Musikschulleitung zwischen Kunst und Management. Neue Anforderungsprofile. In: Knubben, Thomas/Schneidewind, Petra (Hrsg.) (2007): Zukunft für Musikschulen. Herausforderungen und Perspektiven der Zukunftssicherung öffentlicher Musikschulen. transcript Verlag, Bielefeld. S. 71–97.

Eberherr, Helga (2012): Intersektionalität und Stereotypisierung: Grundlegende Theorien und Konzepte in der Organisationsforschung. In: Bendl, Regine/ Hanappi-Egger, Edeltraud/Hofmann, Roswitha (Hrsg.) (2012): Diversität und Diversitätsmanagement. Facultas Verlag, Wien. S. 61–78.

Eickelpasch, Rolf/Rademacher, Claudia (2004): Identität. transcript Verlag, Bielefeld.

Fervers, Andreas (2007): Neue Medien in Musikschulen. In: Knubben, Thomas/ Schneidewind, Petra (Hrsg.) (2007): Zukunft für Musikschulen. Herausforderungen und Perspektiven der Zukunftssicherung öffentlicher Musikschulen. transcript Verlag, Bielefeld. S. 177–194.

Fischer, Sebastian (2007): Der Arbeitsmarkt der Musikschullehrer/-innen. In: Knubben, Thomas/Schneidewind, Petra (Hrsg.) (2007): Zukunft für Musikschulen. Herausforderungen und Perspektiven der Zukunftssicherung öffentlicher Musikschulen. transcript Verlag, Bielefeld. S. 49–70.

Förster, Heinz von (1997): Abbau und Aufbau. In: Fritz B. Simon (Hrsg.) (1997): Lebende Systeme. Wirklichkeitskonstruktionen in der systemischen Therapie. Taschenbuchausgabe. Suhrkamp Verlag, Frankfurt am Main. S. 32–51.

Förster, Heinz von (1999): Sicht und Einsicht. Versuche einer operativen Erkenntnistheorie. Carl-Auer Verlag, Heidelberg.

Gans, Paul (2011): Bevölkerung. Entwicklung und Demographie unserer Gesellschaft. Wissenschaftliche Buchgesellschaft, Darmstadt.

Grolle, Johann/Hawranek, Dietmar/Kurbjuweit, Dirk (2015): Ende eines Mythos. In: Der Spiegel 40/2015. S. 10–16.

Grossmann, Ralph/Bauer, Günther/Scala, Klaus (2015): Einführung in die systemische Organisationsentwicklung. Carl-Auer Verlag, Heidelberg.

Grunenberg, Manfred (2007): „Jedem Kind ein Instrument" – Ein Zukunftsmodell für Musikschulen?. In: Knubben, Thomas/Schneidewind, Petra (Hrsg.) (2007): Zukunft für Musikschulen. Herausforderungen und Perspektiven der Zukunftssicherung öffentlicher Musikschulen. transcript Verlag, Bielefeld. S. 115–127.

Haller, Sabine (2005): Dienstleistungsmanagement. Grundlagen – Konzepte – Instrumente. 3. Auflage. Gabler Verlag, Wiesbaden.

Hartogh, Theo/Wickel, Hans Hermann (Hrsg.) (2004): Handbuch Musik in der Sozialen Arbeit. Juventa Verlag, Weinheim/München.

Haselbach, Dieter/Klein, Armin/Knüsel, Pius/Opitz, Stephan (2012): Der Kulturinfarkt. Von allem zu viel und überall das Gleiche. Eine Polemik über Kulturpolitik, Kulturstaat, Kultursubvention. Knaus Verlag, München.

Herrmann, Matthias (2007): Meinen wir das Gleiche? Über die Notwendigkeit einer Neuordnung der Beziehungen zwischen Musikschulen und Musikhochschulen. In: Knubben, Thomas/Schneidewind, Petra (Hrsg.) (2007): Zukunft für Musikschulen. Herausforderungen und Perspektiven der Zukunftssicherung öffentlicher Musikschulen. transcript Verlag, Bielefeld. S. 195–202.

Hofmann, Roswitha (Hrsg.) (2012): Gesellschaftstheoretische Grundlagen für einen reflexiven und inklusiven Umgang mit Diversitäten in Organisationen. In: Bendl, Regine/Hanappi-Egger, Edeltraud/Hofmann, Roswitha (Hrsg.) (2012): Diversität und Diversitätsmanagement. Facultas Verlag, Wien. S. 23–60.

Höppner, Christian (2014): Musik und Identität. In: Musikforum 3/2014. S. 1.

Imort, Peter (2007): Kooperationen allgemein bildender Schulen und öffentlicher Musikschulen: Stand und Perspektiven aus musikdidaktischer Sicht. In: Knubben, Thomas/Schneidewind, Petra (Hrsg.) (2007): Zukunft für Musikschulen. Herausforderungen und Perspektiven der Zukunftssicherung öffentlicher Musikschulen. transcript Verlag, Bielefeld. S. 99–114.

Inglehart, Ronald (1989): Kultureller Umbruch. Wertwandel in der westlichen Welt. Campus Verlag, Frankfurt/New York.

Jäger, Wieland/Meyer, Hanns-Joachim (2003): Sozialer Wandel in soziologischen Theorien der Gegenwart. Westdeutscher Verlag, Wiesbaden.

Jerrentrup, Ansgar (2000): DJs als Musiker. Überlegungen zu einem neuen Umgang mit Musik. In: Knolle, Niels (Hrsg.) (2000): Kultureller Wandel und Musikpädagogik. In: Arbeitskreis Musikpädagogische Forschung e. V.: Musikpädagogische Forschung Band 21. Die Blaue Eule, Essen. S. 51–87.

Keuchel, Susanne (2012): Das 1. InterKulturBarometer. Migration als Einflussfaktor auf Kunst und Kultur. ARCult Media, Köln.

Klein, Armin (2005): Kultur-Marketing. Das Marketingkonzept für Kulturbetriebe. 2. Auflage. Deutscher Taschenbuch Verlag, München.

Knubben, Thomas (2007): Zukunft für Musikschulen – ein Problemaufriss. In: Knubben, Thomas/Schneidewind, Petra (Hrsg.) (2007): Zukunft für Musikschulen. Herausforderungen und Perspektiven der Zukunftssicherung öffentlicher Musikschulen. transcript Verlag, Bielefeld. S. 11–28.

Krüger, Martin Maria/Höppner, Christian (2007): Musikschulen in Deutschland: Die Zukunft hat schon begonnen. In: Knubben, Thomas/Schneidewind, Petra (Hrsg.) (2007): Zukunft für Musikschulen. Herausforderungen und Perspektiven der Zukunftssicherung öffentlicher Musikschulen. transcript Verlag, Bielefeld. S. 29–40.

Lichtsteiner, Hans/Gmür, Markus/Giroud, Charles/Schauer, Reinbert (2015a): Das Freiburger Management-Modell für Nonprofit-Organisationen. 8. Auflage. Haupt Verlag, Bern.

Luhmann, Niklas (1994): Soziale Systeme. Grundriß einer allgemeinen Theorie. Suhrkamp Verlag, Frankfurt am Main.

Luhmann, Niklas (1998): Die Gesellschaft der Gesellschaft. Taschenbuchausgabe. Suhrkamp Verlag, Frankfurt am Main.

Luhmann, Niklas (2011): Organisation und Entscheidung. 3. Auflage. VS Verlag, Wiesbaden.

Mandel, Birgit (2013): Interkulturelles Audience Development. Zukunftsstrategien für öffentlich geförderte Kultureinrichtungen (unter Mitarbeit von Melanie Redlberger). transcript Verlag, Bielefeld.

Parsons, Talcott (2003): Das System moderner Gesellschaften. Juventa Verlag, Weinheim/München.

Peters, Helge (2015): Norm/Devianz. In: Farzin, Sina/Jordan, Stefan (Hrsg.) (2015): Lexikon Soziologie und Sozialtheorie. Kindle Edition. Reclam, Ditzingen. Pos. 2991–3030.

Rüegg-Stürm, Johannes (2003/2005): Das neue St. Galler Management-Modell. Grundkategorien einer integrierten Managementlehre. 2. Auflage. Haupt Verlag, Bern.

Schäfers, Bernhard (2012): Sozialstruktur und sozialer Wandel in Deutschland. 9. Auflage. UVK Verlagsgesellschaft mbH, Konstanz/München.

Schmidt, Juliane/Gerland, Volker (2007): Der Weg ist das Ziel. Oder ist das Ziel im Weg? Musikschulen als Zentren gesellschaftlicher Musikalisierung. In: Knubben, Thomas/Schneidewind, Petra (Hrsg.) (2007): Zukunft für Musikschulen. Herausforderungen und Perspektiven der Zukunftssicherung öffentlicher Musikschulen. transcript Verlag, Bielefeld. S. 129–144.

Schneider, Jürg/Minnig, Christoph/Freiburghaus, Markus (2007): Strategische Führung von Nonprofit-Organisationen. Haupt Verlag, Bern/Stuttgart/Wien.

Schwegler, Regina (2008): Moralisches Handeln von Unternehmen. Eine Weiterentwicklung des neuen St. Galler Management Modells und der ökonomischen Ethik. Kindle Edition. Gabler Verlag, Wiesbaden.

Siller, Helmut (2011): Normatives Controlling. Facultas Verlags- und Buchhandels-AG, Wien.

Simon, Fritz B. (2015): Einführung in Systemtheorie und Konstruktivismus. 7. Auflage. Carl-Auer Verlag, Heidelberg.

Steinmann, Horst/Schreyögg, Georg (2000): Management. Grundlagen der Unternehmensführung, Konzepte – Funktionen – Fallstudien. 5. Auflage. Gabler Verlag, Wiesbaden.

Stroh, Wolfgang Martin (2000): „eine welt musik lehre" – Begründung und Problematisierung eines notwendigen Projekts. In: Knolle, Niels (Hrsg.) (2000): Kultureller Wandel und Musikpädagogik. In: Arbeitskreis Musikpädagogische Forschung e. V.: Musikpädagogische Forschung Band 21. Die Blaue Eule, Essen. S. 138–151.

VdM Verband deutscher Musikschulen e. V. (Hrsg.) (2015a): VdM-Jahresbericht. Themenschwerpunkte und statistische Daten 2014. Berichte des Bundesvorstandes, der Bundesgeschäftsstelle, der Landesverbände und der Bundes-Eltern-Vertretung. VdM Verlag, Bonn.

Weber, Max (1984): Soziologische Grundbegriffe. 6. Auflage. J. C. B. Mohr, Tübingen.

Weymann, Ansgar (1998): Sozialer Wandel. Theorien zur Dynamik der modernen Gesellschaft. Juventa Verlag, Weinheim/München.

Internetquellen

Deutscher Bundestag (2007): Schlussbericht der Enquete-Kommission „Kultur in Deutschland“. URL: http://dip21.bundestag.de/dip21/btd/16/070/1607000.pdf (abgerufen am 5.10.2015).

Deutscher Musikrat (2014): Grünbuch. Was ist uns die Musik wert? Öffentliche Förderung in der Diskussion. URL: http://www.musikrat.de/fileadmin/Musikpoltik/Gruenbuch/DMR_Gruenbuch_OEffentliche_Foerderung_in_der_Diskussion.pdf (abgerufen am 5.10.2015).

Deutsche Presse-Agentur (2014): „Setzen Sparkurs trotz Krisen und Konjunkturdämpfer fort“. URL: http://www.wiwo.de/politik/deutschland/finanzminister-schaeuble-setzen-sparkurs-trotz-krisen-und-konjunkturdaempfer-fort/10675144.html (abgerufen am 5.10.2015).

Deutsche UNESCO-Kommission (2009): Kulturelle Vielfalt gestalten. Handlungsempfehlungen aus der Zivilgesellschaft zur Umsetzung des UNESCO-Übereinkommens zur Vielfalt kultureller Ausdrucksformen (2005) in und durch Deutschland. URL: https://www.unesco.de/fileadmin/medien/Dokumente/weissbuch_lay_endf_internet.pdf (abgerufen am 5.10.2015).

Deutsche UNESCO-Kommission (2015): Die UNESCO-Konvention über den Schutz und die Förderung der Vielfalt kultureller Ausdrucksformen. URL: https://www.unesco.de/kultur/kulturelle-vielfalt/konvention.html (abgerufen am 5.10.2015).

Künstlersozialkasse (2015): Durchschnittseinkommen Versicherte. URL: http://www.kuenstlersozialkasse.de/wDeutsch/ksk_in_zahlen/statistik/durchschnittseinkommenversicherte.php?printversion=1 (abgerufen am 5.10.2015). Statistisches Bundesamt (2014): Statistisches Jahrbuch. Deutschland und Internationales. URL: https://www.destatis.de/DE/Publikationen/StatistischesJahrbuch/StatistischesJahrbuch2014.pdf?__blob=publicationFile (abgerufen am 5.10.2015).

Verband deutscher Musikschulen (2011): Richtlinien für die Mitgliedschaft im Verband deutscher Musikschulen e. V. (VdM). URL: http://www.musikschulen.de/medien/doks/vdm/richtlinien-des-vdm-2011_logo.pdf (abgerufen am 5.10.2015).

Verband deutscher Musikschulen (2014): Potsdamer Erklärung. URL: http://www.musikschulen.de/medien/doks/vdm/potsdamer_erklaerung_inklusionspapier.pdf (abgerufen am 5.10.2015).

Verband deutscher Musikschulen (2015b): Der VdM Verband deutscher Musikschulen. URL: http://www.musikschulen.de/vdm/index.html (abgerufen am 5.10.2015).

Verband deutscher Musikschulen (2015c): Leitbild der öffentlichen Musikmusikschulen im Verband deutscher Musikschulen (VdM). URL: http://www.musikschulen.de/medien/doks/Positionen_Erklaerungen/leitbild_vdm-musikschulen.pdf (abgerufen am 5.10.2015).

Sonstige Quellen

(auf Anfrage erhältlich beim Verfasser unter info@schäfer-lösch.de)

Knauer, Wolfgang (2015): Mailanfrage Hochschulstudium Jazz.

Lichtsteiner, Hans (2015b): Mailanfrage NPO.

Mühlenhaus, Dirk (2015): Mailanfrage VdM.

Schäfer-Lösch, Ralph (2015a): Internetrecherche Zupfinstrumente.

Schäfer-Lösch, Ralph (2015b): Internetrecherche Musikhochschulen.

Zeitfracht Medien GmbH
Ferdinand-Jühlke-Straße 7
99095 Erfurt, Deutschland
produktsicherheit@kolibri360.de